Humildade

A Beleza da Santidade

Andrew Murray

Humildade
A Beleza da Santidade

Tradução
Marta Malvezzi Leal

Principis

Esta é uma publicação Principis, selo exclusivo da Ciranda Cultural
© 2024 Ciranda Cultural Editora e Distribuidora Ltda.

Traduzido do original em inglês
Humility the beauty of holiness

Texto
Andrew Murray

Editora
Michele de Souza Barbosa

Tradução
Marta Malvezzi Leal

Preparação
Walter Guerrero Sagardoy

Produção editorial
Ciranda Cultural

Diagramação
Linea Editora

Revisão
Fernanda R. Braga Simon

Design de capa
Ana Dobón

Imagens
18042011/shutterstock.com

Dados Internacionais de Catalogação na Publicação (CIP) de acordo com ISBD

M981h	Murray, Andrew.
	Humildade - a beleza da santidade / Andrew Murray ; traduzido por Martha Malvezzi. - Jandira, SP : Principis, 2024.
	96 p. ; 15,50cm x 22,60cm.
	Título original: Humility The Beauty of Holiness
	ISBN: 978-65-5097-107-6
	1. Literatura cristã. 2. Cristianismo. 3. Jesus. 4. Valores. 5. Orgulho. 6. Literatura estrangeira. I. Malvezzi, Martha. II. Título.
2023-1561	CDD 242 CDU 244

Elaborado por Lucio Feitosa - CRB-8/8803

Índice para catálogo sistemático:
1. Literatura cristã 242
2. Literatura cristã 244

1ª edição em 2024
www.cirandacultural.com.br
Todos os direitos reservados.
Nenhuma parte desta publicação pode ser reproduzida, arquivada em sistema de busca ou transmitida por qualquer meio, seja ele eletrônico, fotocópia, gravação ou outros, sem prévia autorização do detentor dos direitos, e não pode circular encadernada ou encapada de maneira distinta daquela em que foi publicada, ou sem que as mesmas condições sejam impostas aos compradores subsequentes.

Esta obra reproduz costumes e comportamentos da época em que foi escrita.

*Senhor Jesus! Que nossa Santidade
seja perfeita Humildade!
Que Tua perfeita Humildade
seja nossa Santidade!*

Sumário

Prefácio 9

Humildade: a glória da criatura.............................13

Humildade: o segredo da redenção........................19

A humildade de Jesus..25

Humildade: os ensinamentos de Jesus....................31

Humildade nos discípulos de Jesus.........................37

Humildade no dia a dia 43

Humildade e santidade...51

Humildade e pecado 57

Humildade e fé...65

Humildade e a morte do ego.................................71

Humildade e felicidade...77

Humildade e exaltação..83

Notas 89

Uma prece para a humildade.................................95

Prefácio

Há excelentes motivos que nos impelem para a humildade. Serve-me como criatura, pecador e santo. A primeira é a que vemos nas hostes celestes, no homem que nunca sofreu a queda, em Jesus como Filho do Homem. O segundo é o que nos fala quando estamos em nosso estado após a queda e nos indica o único caminho pelo qual podemos recuperar nossos direitos como criaturas. No terceiro, temos o mistério da graça, que nos ensina que, à medida que nos perdemos na avassaladora grandeza do amor redentor, a humildade torna-se para nós a culminação da eterna bem-aventurança e adoração.

Em nosso ensinamento religioso comum, o segundo aspecto tem-se destacado com exclusividade demasiada em detrimento dos outros, tanto que alguns chegam a dizer que devemos continuar pecando se quisermos ser, de fato, humildes. Outros pensam que a força da autocondenação é o segredo da humildade.

E a vida cristã sofre perdas quando os fiéis não são guiados devidamente para enxergar que, mesmo em nossa relação como criaturas, nada é mais natural e belo e abençoado que ser nada, que Deus pode ser tudo; ou quando não fica claro que não é o pecado que gera a humildade, e sim a graça, e é a alma, guiada através de seus pecados para se ocupar de Deus em Sua maravilhosa glória como Deus, Criador e Redentor, que verdadeiramente assumirá o lugar mais baixo diante Dele.

Por mais de um motivo, dedico nestas meditações atenção quase exclusiva à humildade que nos torna criaturas. Não basta ser apregoada em todos os ensinamentos religiosos a relação entre humildade e pecado, mas creio, isto sim, que, para uma vida cristã plena, é indispensável que outro aspecto ganhe proeminência. Se Jesus deve realmente ser nosso exemplo em Sua condição humilde, precisamos entender os princípios em que essa condição se fundamenta e na qual encontramos o terreno comum onde nos colocamos com Ele, e onde nos tornaremos semelhantes a Ele. Se quisermos mesmo ser humildes, não só diante de Deus, mas também no meio dos homens, se a humildade deve ser nossa alegria, devemos perceber que ela não é somente a marca da vergonha por causa do pecado, mas sim que, livre de todo pecado, é um ente investido da própria beleza e bem-aventurança dos céus e de Jesus. Veremos que, quando Jesus encontrou Sua glória ao assumir o papel de um servo, quando nos disse "Aquele dentre vós que quiser ser o primeiro, deve ser vosso servo", Ele simplesmente nos ensinava a abençoada verdade de que nada é tão divino e celestial quanto servir e ajudar a todos. O fiel servo que reconhece sua posição encontra um real

HUMILDADE, A BELEZA DA SANTIDADE

prazer em suprir as necessidades do mestre ou de seus convidados. Quando enxergarmos que a humildade é algo infinitamente mais profundo que o arrependimento, e a aceitarmos como nossa participação na vida de Jesus, começaremos a aprender que ela é nossa verdadeira nobreza e que comprová-la como servos de todos é o maior triunfo de nosso destino, como homens criados à imagem de Deus.

Quando revejo minha experiência religiosa, ou na jornada da Igreja de Cristo no mundo, surpreendo-me com o pensamento de quão pouco se busca a humildade como a principal característica da disciplina de Jesus. Nas pregações e na vida, no relacionamento diário da vida social com a pessoal, na confraria mais particular com cristãos, na direção e no desempenho da obra de Cristo, quantas provas encontramos de que a humildade não é considerada uma virtude cardeal, a única raiz de onde podem crescer as graças, a condição indispensável da verdadeira confraria com Jesus. O fato de não podermos afirmar que aqueles que buscam a santidade maior se encontram nessa circunstância, e que o ato de professar não é acompanhado de humildade crescente, é um grito de alerta a todos os cristãos sinceros, independentemente de quanta verdade exista na acusação, para que a modéstia e a humildade de coração sejam a marca principal e diferenciadora daqueles que seguem o humilde e pequeno Cordeiro de Deus.

Humildade:
a glória da criatura

"E lançavam as suas coroas diante do trono, dizendo: Digno és, Senhor, de receber glória, e honra, e poder; porque tu criaste todas as coisas, e, por tua vontade, são e foram criadas."

– APOCALIPSE, 4:11[1]

---

[1] Na tradução de todas as referências bíblicas desta obra foi utilizado o texto da *Bíblia Sagrada* (Almeida Revista e Atualizada), traduzida por João Ferreira de Almeida, ©Sociedade Bíblica do Brasil, 2009. (N.T.)

Quando Deus criou o universo, foi com o objetivo único de fazer da criatura participante de Sua perfeição e bem-aventurança, e com isso demonstrar a glória de Seu amor e sua sabedoria e seu poder. Deus desejava revelar-se nos seres criados e por meio deles, comunicando-lhes o máximo de Sua bondade e glória que fossem capazes de receber. Mas essa comunicação não consistia em dar à criatura algo que ela já possuísse, certa vida e bondade das quais já gozava. De jeito nenhum. Mas sendo Deus Aquele que é eterno, onipresente e sempre atuante, e no qual todas as coisas existem, a relação da criatura com Deus só poderia ser de dependência incessante, absoluta e universal. Assim como Deus, por Seu poder, criou, também pelo mesmo poder Deus deve sustentar. A criatura precisa apenas olhar para trás e ver a origem e o início da existência, e reconhecer que deve tudo a Deus; seu principal objetivo, sua maior virtude, sua verdadeira alegria, agora e para todo o sempre, e se apresentar como um invólucro vazio, no qual Deus pode residir e manifestar Seu poder e bondade.

A vida concedida por Deus não vem toda de uma só vez, mas continuamente a cada momento, por meio da incessante operação de Seu poder supremo. A humildade é o lugar de dependência total de Deus e, em virtude da natureza das coisas, o primeiro dever e a mais nobre virtude da criatura, bem como a raiz de todas as virtudes.

Portanto, o orgulho, ou a perda dessa humildade, é a raiz de todos os pecados e males. Quando os anjos caídos começaram a enxergar a si próprios com complacência, desviaram para a desobediência e foram expulsos da luz do paraíso para a escuridão exterior. O mesmo aconteceu quando a serpente soprou o veneno de seu orgulho, o desejo de ser como Deus, nos corações de nossos primeiros ancestrais, que também despencaram das alturas para a miséria em que hoje se encontra o homem. No céu e na terra, o orgulho, a exaltação de si próprio, é a entrada, o nascimento e a maldição do inferno. (Ver nota A, no final do livro.)

Segue daí que nossa única redenção é restaurar a humildade perdida, o único relacionamento original e verdadeiro da criatura com seu Deus. E Jesus veio para trazer a humildade de volta à terra, fazer de nós participantes dela e, com isso, nos salvar. No céu, Ele se humilhou para se tornar homem. A humildade que vemos Nele o possuía no céu; foi ela que o trouxe, e também foi Ele que a trouxe de lá. Aqui na terra, "Ele se humilhou e foi obediente até a morte". Essa humildade deu valor à Sua morte e, por isso mesmo, se tornou nossa redenção. E agora a salvação que Ele nos oferece é nada mais, nada menos que uma comunicação de Sua vida e morte, disposição e espírito, a própria humildade, como base e raiz do relacionamento dele com Deus e Sua obra redentora. Jesus Cristo assumiu o lugar e cumpriu o destino do homem, como uma criatura, vivendo a perfeita humildade. A humildade de Jesus é nossa salvação, e Sua salvação é nossa humildade.

E, assim, a vida dos que foram salvos, dos santos, deve necessariamente carregar o selo da libertação do pecado e da restauração plena ao estado original; o relacionamento total deles com Deus e o homem marcado por uma humildade que tudo permeia. Sem ela, ninguém vive realmente na presença de Deus nem se beneficia de Seu favor e do poder de Seu Espírito; sem ela, não há a duradoura fé, ou amor ou alegria ou força. A humildade é o único solo em que as graças fincam raízes; a falta de humildade é a explicação suficiente de todo defeito e de toda falha. A humildade não é uma graça ou virtude igual às outras: é a raiz de todas, porque só ela tem a atitude correta diante de Deus e permite que Ele, como Deus, faça tudo.

Deus nos constituiu como seres sensatos, de modo que, quanto mais verdadeira a visão da real natureza ou da necessidade absoluta de um mandamento, mais imediata e plena será nossa obediência a esse mandamento. O chamado para a humildade tem sido muito pouco considerado na Igreja, porque sua verdadeira natureza e importância não são devidamente apreendidas. Não é algo que levamos a Deus, ou que Ele concede; é apenas *a sensação que temos de um vazio total quando descobrimos que Deus é realmente tudo, e que nesse vazio abrimos o caminho para Ele ser esse tudo.* Quando a criatura se dá conta de que essa é a verdadeira nobreza, e aceita ser, com vontade, pensamento e afeição, a forma, o receptáculo onde a vida e a glória de Deus devem trabalhar e se manifestar, ela vê que humildade significa apenas reconhecer a verdade de sua posição como criatura e entregar a Deus Seu lugar.

Na vida dos cristãos devotos, daqueles que buscam e professam o sagrado, a humildade deve ser o bastião de sua honra. Nota-se, com frequência, que nem sempre é assim. Um dos motivos não seria o fato de que, no ensinamento e no exemplo da Igreja, ela nunca ocupou aquele lugar da mais suprema importância que lhe pertence? E que isso, por sua vez, se deve à negligência dessa verdade, que, por mais forte motivo que seja o pecado para humildade, há outro de influência maior e mais poderosa, que faz os anjos, que fez Jesus, que faz os maiores santos no céu tão humildes; que a primeira e principal marca da relação da criatura, o segredo de sua beatitude, é a humildade e o vazio que deixa Deus livre para ser tudo?

Tenho certeza de que muitos cristãos confessariam que a experiência deles foi muito parecida com a minha, que há muito conhecíamos o Senhor sem percebermos que a mansidão e humildade de coração devem ser a característica marcante do discípulo, como o eram do Mestre. E mais ainda: que essa humildade não brota sozinha, mas deve ser o objeto de um desejo especial, de prece, fé e prática. Se estudarmos a palavra, veremos como eram claras e repetidas as instruções que Jesus dava aos discípulos, nesse sentido, e como eles tinham dificuldade para entendê-Lo.

Admitiremos, no início de nossas meditações, que nada é tão natural para o homem, nada tão insidioso e oculto de nossa vista, nada tão difícil e perigoso quanto o orgulho. Sentiremos que só uma dedicação determinada e perseverante a Deus e a Cristo nos revelará o quanto somos deficientes na graça da humildade e impotentes para obter aquilo que procuramos. Estudaremos o caráter de Cristo até que nossa alma esteja repleta de amor e admiração de Sua humildade. E acreditaremos que, combalidos sob o peso de nosso orgulho e de nossa impotência para nos livrarmos dele, o próprio Jesus Cristo virá para nos imbuir dessa graça também, como parte de Sua vida extraordinária em nós.

Humildade:
o segredo da redenção

"Tende em vós o mesmo sentimento que houve em Cristo Jesus; a si mesmo se esvaziou, assumindo a forma de servo; a si mesmo se humilhou, tornando-se obediente até a morte. Pelo que também Deus o exaltou."

– Filipenses 2:5-9

Toda árvore só cresce a partir da raiz da qual brotou. Por toda a existência, ela só poderá viver a vida que se encontrava na semente que a germinou. O entendimento pleno dessa verdade em sua aplicação com o primeiro e o segundo Adão ajuda-nos sobremaneira a compreender tanto a necessidade quanto a natureza da redenção que há em Jesus.

A necessidade. – Quando a Velha Serpente, expulsa do paraíso por causa de seu orgulho, que é a natureza real do diabo, sussurrou palavras de tentação no ouvido de Eva, estas carregavam o próprio veneno do inferno. E quando Eva prestou atenção e cedeu ao desejo e à vontade de ser como Deus, conhecedor do bem e do mal, o veneno penetrou-lhe a alma, o sangue, a vida, destruindo para sempre aquela abençoada humildade e dependência de Deus, que teria sido nossa felicidade eterna. Em vez disso, a vida de Eva e da raça descendente dela se tornou corrupta até a raiz, com o mais terrível de todos os pecados e maldições: o veneno do orgulho de Satanás. Toda a amargura da qual este mundo é o palco, todas as guerras e derramamento de sangue entre as nações, todo o egoísmo e sofrimento, as ambições e ciúmes, os corações partidos e as vidas pesarosas, com a infelicidade diária, derivam daquilo que esse orgulho maldito e infernal, nosso ou dos outros, nos trouxe. É o orgulho que tornou necessária a redenção; é de nosso orgulho que precisamos nos redimir, acima de qualquer coisa. E o modo como vemos a necessidade de redenção dependerá muito de nosso conhecimento da natureza terrível do poder que entrou em nosso ser.

Toda árvore só cresce a partir de própria raiz. O poder que Satanás trouxe do inferno e lançou na vida do homem atua todos

HUMILDADE, A BELEZA DA SANTIDADE

os dias, a cada hora, fortíssimo, no mundo inteiro. Os homens sofrem por causa dele; temem esse poder, combatem-no e fogem dele; porém, não sabem de onde vem nem onde exerce sua supremacia nefasta. Por isso, não sabem onde nem como o vencer. O orgulho tem raiz e força em um poder espiritual imenso, externo a nós, mas ao mesmo tempo interno; embora seja necessário confessarmos e deplorarmos por ser nosso, devemos saber que a origem desse poder é satânica. Se essa noção nos levar ao total desespero para conquistá-lo ou extirpá-lo, alcançaremos antes aquele poder sobrenatural que é nossa única fonte de libertação: a redenção do Cordeiro de Deus. A luta inútil contra as maquinações do ego e do orgulho em nós pode se tornar desesperadora se pensarmos no poder das trevas por trás desse orgulho; o desespero total pode nos servir, se percebermos e aceitarmos um poder e uma vida externos a nós também, a humildade do céu que desce à terra e de nós se aproxima por meio do Cordeiro de Deus, para expulsar Satanás e seu orgulho.

Toda árvore só cresce a partir da própria raiz. Assim como precisamos olhar para o primeiro Adão e sua queda se quisermos compreender o poder do pecado original em nós, também devemos conhecer bem o segundo Adão e Seu poder de nos imbuir de uma vida de humildade tão verdadeira, permanente e poderosa como foi a vida de orgulho. Temos nossa vida em Cristo e a partir de Cristo, de maneira tão real quanto o era em Adão. Devemos caminhar "enraizados Nele", "segurando com firmeza a Cabeça de onde cresce o corpo todo com o crescimento de Deus". A vida de Deus, que ao encarnar entrou na natureza humana, é a raiz sobre a qual temos de nos sustentar e crescer;

é o mesmo dom todo-poderoso que se exerceu na encarnação e dali em diante, até a ressurreição, que atua diariamente em nós. Nossa única necessidade é estudar, conhecer e confiar na vida que foi revelada em Cristo como aquela que agora é nossa, e aguarda nosso consentimento para tomar posse e domínio de todo o nosso ser.

Sob essa visão, é de importância vital que tenhamos uma ideia correta do que é Cristo, do que realmente constitui o Cristo, e particularmente quais são as principais características, a essência e a raiz de Seu pleno caráter como nosso Redentor. Só pode haver uma resposta: é a Sua humildade. O que é encarnação senão Sua humildade celeste, o esvaziamento para nascer como homem? O que é a vida de Cristo na terra senão humildade, quando assume a forma de servo? E o que é Sua penitência senão humildade? "A si mesmo se humilhou, tornando-se obediente até a morte." E o que é Sua ascensão e glória senão humildade elevada ao trono e coroada com glória? "A si mesmo se humilhou, pelo que também Deus o exaltou." No céu, onde Ele estava com o Pai, no nascimento, na vida e na morte, e finalmente em Seu trono, tudo sempre foi a humildade. Cristo é a humildade de Deus personificada na natureza humana; o Amor Eterno se humilhando, revestindo-se de mansidão e bondade para vencer, servir e nos salvar. Uma vez que o amor e a complacência de Deus fazem de Jesus o benfeitor, auxiliar e servo de todos, Ele foi necessariamente a Humildade Encarnada. E ainda está no meio do trono o modesto e humilde Cordeiro de Deus.

Se essa é a raiz da árvore, a natureza dela deve ser observada em todos os galhos, em cada folha e fruto. Se a humildade é a

HUMILDADE, A BELEZA DA SANTIDADE

primeira e abrangente graça da vida de Jesus, se é o segredo de Sua penitência, então a saúde e a força de nossa vida espiritual dependerão também de colocarmos essa graça à frente de tudo e fazer da humildade aquilo que mais admiramos Nele, o que mais pedimos Dele, aquilo por que sacrificaremos tudo. (Ver nota B no final do livro.)

Devemos estranhar que a vida cristã geralmente seja tão frágil e infrutífera, uma vez que a própria raiz da vida de Cristo é negligenciada e desconhecida? Surpreende-nos que a alegria da salvação seja tão pouco sentida, se aquela que Cristo nos traz é tão pouco procurada? Enquanto não buscarmos em Cristo uma humildade acima de nossos mais fortes prazeres, bem-vinda a qualquer preço, aquela humildade que repousa no fim e na morte do ego, que abandona a honra dos homens como o fez Jesus, e almeja somente a honra de Deus, cientes de que nada somos de que Deus tudo é, e só o Senhor é excelso, a esperança será muito remota de uma religião que conquiste o mundo.

Não me cansarei de apelar ao meu leitor, caso nunca tenha percebido a falta de humildade em sua pessoa e ao redor, para que reflita se vê muito do espírito do modesto e humilde Cordeiro de Deus naqueles que são chamados por Seu nome. Que o leitor perceba como a ausência de amor; a indiferença às necessidades, sentimentos e fraquezas dos outros; as palavras e julgamentos precipitados e rigorosos, geralmente sob a alegação de sinceridade; as manifestações de zanga, capricho e irritação; os sentimentos de amargura e alienação têm raízes apenas no orgulho e em nada mais. Que o leitor abra bem os olhos e veja como o orgulho tenebroso, direi até diabólico, se embrenha por toda parte, inclusive nas assembleias dos santos. Que comece a se perguntar qual seria o efeito nele mesmo e ao seu redor, nos companheiros e no mundo, se os fiéis fossem permanentemente guiados pela humildade de Jesus. Diga-me, o leitor, se nosso coração não deveria clamar, dia e noite, "pela humildade de Jesus em mim e à minha volta"!

Reconheça o leitor sua falta de humildade, humildade esta que se revela na vida de Cristo; compreenda o caráter integral da redenção de Cristo, e começará a sentir que nunca soube de fato o que era Cristo e Sua salvação.

Fiel! *Estude a humildade de Jesus*. Esse é o segredo, a raiz oculta de sua redenção! Mergulhe nela a cada dia. Acredite do fundo do coração que esse Cristo, que Deus lhe enviou, e cuja humildade divina fez a obra para você, também habitará em você e o fará ser como o Pai assim desejou.

A humildade de Jesus

"Pois, no meio de vós, eu sou como quem serve."

– Lucas 22:27

No *Evangelho segundo João*, abre-se aos nossos olhos toda a vida de nosso Senhor. Jesus fala de Sua relação com o Pai, dos motivos que o orientam, de Sua consciência do poder e do espírito em que Ele opera. Embora não apareça a palavra "humilde", em nenhuma outra fonte das Escrituras a humildade de Jesus é exposta com tanta clareza. Já afirmamos que essa graça é, na verdade, nada além daquele simples consentimento da criatura para que Deus seja tudo, implicando a total entrega aos Seus caminhos. Em Jesus, veremos que, na qualidade tanto de Filho de Deus no céu quanto de homem na terra, Ele assumiu o lugar de subordinação completa e ofereceu a Deus a honra e a glória que lhe são devidas. E seus ensinamentos se aplicavam a Ele próprio: "Aquele que se humilha será exaltado". Como está escrito: "A si mesmo se humilhou, pelo que também Deus o exaltou".

Escute as palavras que o Senhor usa para descrever Sua relação com o Pai, e como recorre incessantemente às palavras *não* e *nada*, ao falar de Si. *Eu não*, como diz Paulo ao expressar a própria relação com Cristo, é o verdadeiro espírito do que Cristo explica sobre sua relação com o Pai.

"O filho *nada* pode fazer de si mesmo."

– JOÃO 5:19

"Eu *nada* posso fazer de mim mesmo. O meu juízo é justo, porque *não* procuro a minha própria vontade."

– JOÃO 5:30

HUMILDADE, A BELEZA DA SANTIDADE

"Eu *não* aceito glória que vem dos homens."

– João 5:41

"Desci do céu, *não* para fazer a minha própria vontade."

– João 6:38

"O meu ensinamento *não* é meu."

– João 7:16

"*Não* vim porque eu, de mim mesmo, o quisesse."

– João, 7:28

"*Nada* faço por mim mesmo."

– João 8:28

"Pois *não* vim de mim mesmo, mas ele me enviou."

– João 8:42

"Eu *não* procuro a minha própria glória."

– João 8:50

"As palavras que eu vos digo *não* as digo por mim mesmo."

– João 14:10

"E a palavra que estais ouvindo *não* é minha."

– João 14:24

Essas palavras nos revelam as raízes mais profundas da vida e da obra de Cristo. Elas nos dizem que o Deus Todo-poderoso foi capaz de executar Sua vasta obra redentora por meio dele. Mostram-nos o que Cristo considerava o estado do coração que fez Dele o Filho do Pai. Ensinam-nos qual é a natureza essencial e a vida dessa redenção que Cristo realizou e agora comunica. E é esta: Ele nada era, e Deus pôde ser tudo. Jesus resignou a própria vontade e Seus poderes inteiramente para o Pai trabalhar nele. De Seu poder, Sua vontade e Sua glória, de toda a Sua missão com as obras e o ensinamento, de tudo isso Jesus disse: não é de mim, não sou nada; entreguei-me ao Pai para que Ele trabalhasse; eu nada sou, o Pai é tudo.

Essa vida de completa entrega, absoluta submissão e dependência da vontade do Pai, Cristo a via como a vida de perfeita paz e alegria. Nada perdeu ao entregar tudo a Deus. Deus honrou Sua confiança e fez tudo por Ele, até finalmente exaltá-Lo em glória. E como Cristo se humilhou perante Deus, e Deus estava sempre diante dele, viu que era possível humilhar-se diante dos homens também, e ser o Servo de todos. Sua humildade consistiu simplesmente em entregar-se a Deus, deixar que a vontade de Deus se cumprisse Nele, sem se importar com o que os homens lhe fariam ou o que diriam Dele.

É nesse estado mental, nesse espírito e disposição que a redenção de Cristo tem virtude e também eficácia. Tornamo-nos participantes de Cristo para entrar nesse espírito. Essa é a verdadeira autonegação que o Salvador pede de nós, o reconhecimento de que o ego nada tem de bom, exceto o fato de ser um receptáculo vazio para receber Deus, e que não lhe é permitido fazer nada além disso. Acima de tudo, é nisso que consiste a conformidade de Jesus: nada somos ou fazemos de nós mesmos, para que Deus seja tudo.

Aí se encontram a raiz e a natureza de verdadeira humildade. Quando não se busca nem se compreende nada disso, nossa humildade é superficial e frágil. Precisamos aprender com Jesus o quão modesto e humilde de coração Ele é. Ele nos ensina onde a verdadeira humildade cresce e encontra força: no conhecimento de que é Deus que faz as obras, e nossa tarefa é nos entregarmos a Ele em perfeita resignação e dependência, concordando plenamente em fazer e ser nada de nós mesmos. Essa é a vida que Cristo veio revelar e oferecer, uma vida a Deus que se realizou por meio da morte para o pecado e o ego. Se sentirmos que essa vida está fora de nosso alcance, maior é a nossa razão para buscá-la Nele; é o Cristo interior que viverá essa vida em nós, modesto e humilde. Se ansiarmos por isso, devemos, acima de tudo, buscar o segredo sagrado do conhecimento da natureza de Deus, pois Ele sempre faz tudo se mover em tudo; o segredo do qual toda natureza e toda criatura, e principalmente todo filho de Deus, deve ser testemunha é de que ninguém é nada mais do que um receptáculo, um canal, por meio do qual o Deus vivo pode manifestar as riquezas de Sua sabedoria, poder e bondade. A raiz de toda virtude e toda graça, de toda fé e culto aceitável, é saber que nada somos além do que recebemos, e prestamos reverência na mais profunda humildade para servir a Deus.

Essa humildade não era apenas um sentimento temporário, despertado e exercido quando Ele pensava em Deus, mas o próprio espírito de toda a Sua vida, e por isso Jesus foi tão humilde em Sua interação com os homens como o foi com Deus. Ele próprio se sentiu como Servo de Deus para os homens que Deus criou e amou; como consequência natural, Ele se considerou o Servo dos homens, para que, por Seu intermédio, Deus pudesse realizar Sua obra de amor. Em nenhum momento Jesus pensou em honra própria nem afirmou Seu poder para se justificar. O espírito íntegro Dele era o de uma vida rendida a Deus para Seu uso. Só quando os cristãos estudarem a humildade de Jesus como a própria essência de Sua redenção, como a genuína beatitude da vida do Filho de Deus, como a única verdadeira relação com o Pai e, portanto, aquela que Jesus nos deve dar se quisermos participar com Ele, só então aquela terrível falta de uma humildade concreta, celestial, manifesta se tornará um fardo e uma tristeza, e nossa verdadeira religião será deixada de lado para abrir esse caminho, que é a primeira e principal marca do Cristo em nós.

Irmão, está ungido de humildade? Pergunte à sua vida cotidiana. Pergunte a Jesus. Pergunte aos amigos. Pergunte ao mundo. E comece a louvar a Deus por se abrir para você em Jesus uma humildade celestial que você nem conhecia e por meio da qual lhe chegará uma bênção celestial que possivelmente nunca tenha provado.

Humildade:
os ensinamentos de Jesus

"Aprendei de mim, porque sou manso e humilde de coração."

— Mateus 11:29

"Quem quiser ser o primeiro entre vós será vosso servo, tal como o Filho do Homem, que não veio para ser servido, mas para servir."

— Mateus 20:27-28

Vimos humildade na vida de Cristo, pois Ele abriu o coração para nós: escutemos, então, Seus ensinamentos. Descobriremos o que Ele dizia, e quanto esperava que os homens, principalmente Seus discípulos, fossem humildes como Ele. Estudemos atentamente as passagens, que apenas posso citar, para recebermos a plena impressão de quanto e com que franqueza Ele a ensinou: pode nos ajudar a entender o que Ele quer de nós.

1. Veja o começo do ministério de Jesus. Nas Beatitudes que abrem o Sermão da Montanha, diz Ele: *"Bem-aventurados os pobres de espírito, pois deles é o reino do céu. Bem-aventurados os humildes, pois herdarão a terra"*. As primeiras palavras de Sua proclamação do reino do céu revelam o portão aberto que é o único por onde podemos entrar. Aos pobres, que nada possuem em si próprios, virá o reino. Dos humildes, que nada buscam em si próprios, será a terra. As bênçãos do céu e da terra são para os humildes. Para a vida celestial assim como a vida na terra, a humildade é o segredo da bênção.

2. *"Aprendei de mim, porque sou manso e humilde de coração, e achareis descanso para a vossa alma."* Jesus se oferece como Mestre. Diz-nos o que é o espírito, que nele encontraremos com o Mestre e que dele podemos aprender e receber. Mansidão e humildade, é isso que Ele nos oferece; na humildade encontraremos o perfeito descanso da alma. Humildade é a nossa salvação.

3. Os discípulos discutem sobre quem seria o maior no reino, e resolvem perguntar ao Mestre (Lucas 9:46; Mateus

18:3). Ele, então, pôs uma criança no meio deles e disse: *"Aquele que se humilhar como esta criança, esse é o maior no reino dos céus"*. A pergunta é abrangente. Qual será a principal distinção no reino dos céus? A resposta só poderia ser dada por Jesus. A grande glória dos céus, a verdadeira noção celestial, a maior das graças é a humildade. *"Aquele que entre vós for o menor de todos, esse é que é grande."*

4. Os filhos de Zebedeu pediram a Jesus que os deixassem se sentar à Sua direita e esquerda, o lugar mais alto no reino. Jesus disse que não cabia a Ele decidir, mas sim ao Pai, que daria o lugar àqueles para quem fora preparado. Não devem pedi-lo. Devem, isto sim, pensar no cálice e no batismo da humilhação. E acrescentou: *"Quem quiser ser o primeiro entre vós será vosso servo, tal como o Filho do Homem não veio para ser servido, mas para servir"*. A humildade, sendo a marca de Cristo, o celeste, será a medida de glória no céu: os mais humildes estão mais perto de Deus. A primazia na Igreja é prometida em todas as horas aos mais humildes.

5. Falando às multidões e aos discípulos, a respeito dos fariseus e do amor deles pelos tronos na terra, Cristo disse mais uma vez (Mateus 23:11): *"Mas o maior dentre vós será vosso servo"*. Humilhar-se é a única escada para a honra no reino de Deus.

6. Em outra ocasião, na casa de um fariseu, Ele usou a parábola dos convidados que queriam os primeiros lugares (Lucas 14:1-11), e acrescentou: *"Pois todo o que se exalta*

será humilhado; e o que se humilha será exaltado". A exigência é inexorável; não há outro caminho. Só a humilhação de si próprio será exaltada.

7. Depois da parábola do fariseu e do publicano, Cristo falou de novo (Lucas 18:14): *"Todo o que se exalta será humilhado; mas o que se humilha será exaltado".* No templo, na presença e no culto a Deus, nada tem valor a menos que seja permeado pela profunda e verdadeira humildade perante Deus e os homens.

8. Após lavar os pés dos discípulos, Jesus disse (João 13:14): *"Se eu, sendo o Senhor e o Mestre, vos lavei os pés, também vós deveis lavar os pés uns dos outros".* A autoridade de comando e exemplo, todo pensamento de obediência ou conformidade, faz da humildade o primeiro e mais essencial elemento da vida do discípulo.

9. À mesa da Santa Ceia, os discípulos ainda discutiam sobre quem seria o maior (Lucas 22:26, 27). Jesus disse: *"O maior entre vós seja como o menor; e aquele que dirige seja como o que serve. No meio de vós, eu sou como quem serve".* O caminho trilhado por Jesus, que Ele abriu para nós, o poder e o espírito pelos quais nos concede a salvação, e nos quais nos salva, é sempre a humildade que faz de mim servo de todos.

Isso é tão pouco pregado. Tão pouco praticado. E essa falta é tão pouco sentida ou confessada. Não digo que são poucos os que alcançam alguma medida reconhecível de semelhança a Jesus em Sua humildade. Mas pouquíssimos pensam em fazer

HUMILDADE, A BELEZA DA SANTIDADE

dessa humildade um objeto distinto de contínuo desejo e prece. É algo que o mundo quase não vê, mesmo nos círculos internos da Igreja.

"Aquele que dirige seja como o que serve." Que Deus nos permita entender que Jesus realmente acreditava nisso! Todos sabemos o que implica o caráter de um fiel serviçal ou escravo. Devoção aos interesses do amo, os cuidados e atenções para agradá-lo, alegria por sua prosperidade, honra e felicidade. Há servos na terra nos quais essas disposições são observadas, e a quem o nome do servo nada mais é que uma glória. Quantos de nós já não viram um novo prazer na vida cristã, que é saber nos rendermos como servos, como escravos de Deus, descobrindo que o serviço prestado a Ele é nossa maior liberdade: a liberdade do pecado e do ego? Pois agora precisamos aprender outra lição: que Jesus nos convida a sermos servos uns dos outros, e que, se aceitarmos, esse serviço será abençoado, uma nova e mais plena liberdade do pecado e do ego. A princípio, parece difícil, mas isso é por causa do orgulho que ainda impera. Se aprendermos que ser nada diante de Deus é a glória da criatura, o espírito de Jesus, a alegria do céu, receberemos de braços abertos a disciplina de servir mesmo aqueles que tentam tripudiar sobre nós. Quando nosso coração escolher essa verdadeira santificação, estudaremos cada palavra de Jesus a respeito de humilhação do ego com um entusiasmo renovado, e nenhum lugar será baixo demais, não nos importaremos de nos rebaixar, e nenhum serviço será baixo ou longo demais se pudermos compartilhar e provar da amizade daquele que disse: "No meio de vós, eu sou como quem serve".

Irmãos, há um caminho para a vida melhor. Rebaixem-se, baixem a cabeça! Foi isso que Jesus disse aos discípulos que pensavam em ser grandes no reino dos céus, e queriam sentar-se à Sua direita e à Sua esquerda. Não procurem nem queiram exaltar-se; essa é a função de Deus. Sejam modestos e se humilhem, assumam diante de Deus e dos homens o lugar do servo; essa é a sua função. Que seja seu propósito e sua prece. Deus é fiel. Assim como a água corre e enche os locais mais baixos, Deus, no momento em que encontra a criatura humilhada e vazia, Sua glória e poder fluem para exaltar e abençoar. Aquele que se humilhar – e esse deve ser nosso interesse – será exaltado. Esse é o interesse de Deus; por Seu poder e em Seu grandioso amor, assim Ele fará.

Às vezes, os homens falam da humildade e da mansidão como se elas nos privassem do que é nobre, corajoso e também viril. Bom seria se todos acreditassem que são, na verdade, a nobreza do reino do céu, o verdadeiro espírito que o Rei do céu mostrou, que é divino humilhar-se, tornar-se o servo de todos! Esse é o caminho para a alegria e a glória da presença de Cristo sempre em nós, o poder Dele para sempre residindo em nós.

Jesus, o humilde e modesto, nos chama para aprender com Ele o caminho até Deus. Estudemos as palavras que lemos, até nosso coração se tomar desse pensamento: que minha única necessidade seja a humildade. E acreditemos que o que Ele mostra, Ele nos dá; o que Ele é, impinge em nós. Como humilde e modesto, Jesus virá e habitará no coração que anseia.

Humildade nos discípulos de Jesus

"Aquele que dirige seja como o que serve."
— Lucas 22:26

Estudamos a humildade na pessoa e nos ensinamentos de Jesus; procuremo-la agora no círculo de Seus companheiros escolhidos: os doze apóstolos. Se, na falta dela, descobrimos que, nos discípulos, o contraste entre Cristo e os homens se mostra mais claro, isso nos ajudará a compreender a poderosa mudança gerada neles em Pentecoste, e comprovaremos como nossa participação pode ser real no triunfo perfeito da humildade de Cristo vencendo o orgulho que Satanás soprou no homem.

Nos textos citados dos ensinamentos de Jesus, já vimos em quais ocasiões os discípulos provaram o quanto eram deficientes na graça da humildade. Certa vez, discutiam sobre qual deles seria o maior; em outro ensejo, os filhos de Zebedeu pediram os primeiros lugares: o assento à direita e à esquerda. E posteriormente, na mesa da Ceia na última noite, houve outra disputa quanto a quem seria considerado o maior. Isso não quer dizer que nunca houve momentos em que se humilharam perante o Senhor. Foi por isso que Pedro clamou: "Afasta-te de mim, Senhor, pois sou pecador". O mesmo aconteceu com os discípulos quando se prostraram para venerar Aquele que silenciara o recinto. Mas essas expressões ocasionais de humildade só enfatizam o tom habitual do espírito dos apóstolos, conforme mostra a revelação natural e espontânea, em outros momentos, da função e do poder do ego. O estudo do significado de tudo isso nos ensinará as mais importantes lições.

A primeira lição: *quão sincera e ativa pode ser a religião, enquanto a humildade ainda faltar*. Veja-a nos discípulos. Havia neles um apego fervoroso a Jesus. Abandonaram tudo por Ele. O Pai lhes revelara que Ele era o Cristo de Deus. Acreditaram nele

HUMILDADE, A BELEZA DA SANTIDADE

e O amaram; seguiram Seus mandamentos. Desapegaram-se de todos para seguir a Ele. Quando outros regressaram, também se apegaram a Ele. Estavam dispostos a morrer por Jesus. Entretanto, mais profundo que tudo isso havia um poder sinistro, cuja existência e horror os discípulos mal suspeitavam; poder este que devia ser destruído e expulso, antes que pudessem ser testemunhas do poder de salvação de Jesus. Até hoje, é o que encontramos. Vemos professores e ministros, evangelistas, missionários e educadores, nos quais os dons do Espírito são múltiplos e manifestos, e que são os canais de bênçãos para as multidões; porém, quando chega o momento do teste, ou a relação mais próxima proporciona um conhecimento mais pleno, fica evidente que a graça da humildade, como característica perene, é rara. Tudo tende a confirmar a lição de que a humildade é uma das principais e mais altas graças; uma das mais difíceis de alcançarmos; uma graça para a qual nosso primeiro e principal esforço deveria ser dirigido, pois ela só ganha poder quando a plenitude do Espírito nos torna participantes do Cristo que nos habita e em nós vive.

A segunda lição: *como é impotente todo ensinamento externo e todo esforço pessoal na hora de conquistar o orgulho e dar mansidão e humildade ao coração*. Os discípulos passaram três anos na escola de Jesus. Ele lhes disse qual era a lição principal que deveriam aprender: "Aprendei de mim, pois sou manso e humilde de coração". De tempos em tempos, Jesus falava com eles, com os fariseus, com as multidões, sobre a humildade como o único caminho para a glória de Deus. Ele não só vivera entre os discípulos como o Cordeiro de Deus em Sua humildade divina, mas lhes revelara em mais de uma ocasião o mais íntimo segredo de Sua vida: "O Filho do Homem não veio para ser servido, mas para servir". "No meio de vós, eu sou como quem serve." Lavou os pés dos apóstolos e mandou-os seguir Seu exemplo. Mas o resultado foi muito pequeno. Na Santa Ceia, ainda discutiam sobre quem seria o maior. Sem dúvida, tentaram aprender as lições de Jesus e estavam decididos a não O magoar. Mas tudo em vão. Como eles, também temos de aprender a lição tão necessária: que nenhuma instrução externa (nem do próprio Cristo), nenhum argumento dos mais convincentes, nenhum sentido da beleza da humildade (por mais profundo), nenhuma resolução ou esforço pessoal (por mais sincero) pode expulsar o demônio do orgulho. Quando Satanás expulsa o próprio Satanás, só faz isso para voltar com um poder maior, apesar de oculto. Só o que funciona é a nossa natureza, em sua humildade divina, ser revelada no poder de substituir o velho, de tornar-se verdadeiramente nossa natureza, conforme pretendida.

A terceira lição: *só por meio do Cristo habitando em nós em Sua divina humildade é que nos tornaremos verdadeiramente humildes.* Nosso orgulho vem de outro: Adão; também nossa humildade deve vir de Outro. O orgulho é nosso e nos governa com um poder terrível, porque faz parte de nossa natureza. A humildade deve ser nossa também; deve fazer parte de nosso eu, nossa própria natureza. Assim como é natural e fácil sermos orgulhosos, também deve ser fácil e natural sermos humildes. A promessa é que "onde, mesmo no coração, o pecado vivia, a graça habitava mais copiosamente". Todos os ensinamentos de Jesus aos discípulos, e todos os esforços vazios deles, foram a preparação necessária para que neles o Mestre entrasse em poder divino, para neles dar e ser o que os ensinava a desejar. Na hora da morte, Ele destruiu o poder do diabo, afastou o pecado e realizou uma redenção eterna. Na ressurreição, recebeu do Pai uma vida inteiramente nova, a vida do homem no poder de Deus, capaz de se comunicar com os homens, de entrar em suas vidas, renová-las e preenchê-las com Seu poder divino. Na ascensão, recebeu o Espírito do Pai, através do qual poderia fazer o que na terra era impossível, unir-se àqueles que Ele amava, verdadeiramente viver a vida destes por eles, de modo que pudessem comparecer diante do Pai em uma humildade como a Dele, pois era Ele que os habitava e neles respirava. E, em Pentecoste, Ele veio e tomou posse. O trabalho de preparação e convicção e o despertar do desejo e da esperança que Seus ensinamentos proporcionavam foram aperfeiçoados pela poderosa mudança em Pentecoste. E as vidas e as epístolas de Tiago, Pedro e João dão testemunho de tudo o que mudou, e que o espírito de Jesus, manso e sofredor, de fato se apossou deles.

O que diremos a respeito dessas coisas? Entre meus leitores, tenho certeza de que há mais de uma classe. Pode haver alguns que nunca pensaram demais no assunto e não percebem a imensa importância dele como questão de vida para a Igreja e cada um de seus membros. Há outros que se sentem condenados por suas faltas e mostram esforços sinceros para se corrigir, embora fracassem e caiam no desânimo. Outros ainda talvez possam dar um testemunho jubiloso de beatitude espiritual e poder, mas jamais tiveram a convicção necessária cuja ausência é notada por aqueles à sua volta. E há outros que podem testemunhar também em relação a essa graça, o Senhor deu liberdade e vitória enquanto ensina a estes o quanto ainda precisam e o quanto podem esperar da plenitude de Jesus. Qualquer que seja a nossa classe, enfatizo a premência de procurarmos uma convicção ainda mais profunda do lugar único que ocupa a humildade na religião de Cristo, e total impossibilidade de a Igreja ou o fiel ser o que Cristo gostaria que fossem, enquanto *Sua humildade não for reconhecida como Sua principal glória, Seu primeiro mandamento e nossa maior bênção*. Consideremos profundamente até que ponto os discípulos avançaram enquanto essa graça ainda lhes faltava, e rezemos a Deus para que outras dádivas não nos satisfaçam a ponto de nunca compreendermos o fato de que a ausência dessa graça é o único motivo por que o poder de Deus não consegue realizar sua obra poderosa. Só quando nós, assim como o Filho, soubermos e mostrarmos verdadeiramente que nada podemos fazer de nós mesmos, é que Deus fará tudo.

Quando a verdade de um Cristo interior assumir o lugar que é Seu por direito na experiência dos fiéis, a Igreja vestirá suas belas vestes, e a humildade será vista em seus mestres e membros como a beleza da santidade.

Humildade no dia a dia

"Aquele que não ama a seu irmão, a quem vê, não pode amar a Deus, a quem não vê."

– 1 João 4:20

Que pensamento solene, o de que nosso amor a Deus será medido por nosso relacionamento diário com os homens e o amor que ele demonstra; e que nosso amor a Deus será visto como nada além de uma ilusão a menos que sua verdade seja comprovada no teste diário com nossos irmãos. O mesmo se aplica à nossa humildade. É fácil acharmos que nos humilhamos diante de Deus: a humildade perante os homens será a única prova suficiente de que nossa humildade para com Deus é real; que a humildade habita em nós; e se tornou nossa própria natureza; que nós, assim como Cristo, não buscamos reputação. Quando, na presença de Deus, a humildade de coração se tornou não uma postura na qual rezamos para Ele, mas o próprio espírito de nossa vida, ela se manifestará em toda a nossa atitude para com os irmãos. A lição é de suma importância: a única humildade realmente nossa não é aquela que tentamos mostrar a Deus em prece, mas a que carregamos conosco e aplicamos em nossa conduta diária; as insignificâncias do dia a dia são as importâncias e os testes da eternidade, pois provam qual é o espírito real que nos possui. É em nossos momentos mais reservados que realmente mostramos e vemos o que somos. Para conhecer o homem humilde e saber como ele se comporta, você precisa acompanhá-lo no decorrer do cotidiano.

Não foi isso que Jesus ensinou? Foi quando os discípulos discutiam sobre quem seria o maior; quando Ele viu como os fariseus amavam os primeiros lugares nas festas e nas sinagogas; quando lhes deu o exemplo do lava-pés; foi, enfim, nessas situações que Ele ensinou as lições de humildade. A humildade

HUMILDADE, A BELEZA DA SANTIDADE

diante de Deus não é absolutamente nada se não é comprovada na humildade diante dos homens.

Também é explicado nos ensinamentos de Paulo. Aos romanos, ele escreve: "Tende o mesmo sentimento *uns para com os outros*. Em lugar de serdes orgulhosos, condescendei com o que é humilde. Não sejais sábios aos vossos próprios olhos" (Romanos 12:16). Aos Coríntios: "O amor não se vangloria, não se orgulha" (porque não há amor sem humildade em sua raiz) (1 Coríntios 13:4). Aos Gálatas: "Sede, antes, servos *uns dos outros*" (Gálatas 5:13). "Não nos deixemos possuir de vanglória, provocando uns aos outros, tendo inveja *uns dos outros*" (Gálatas 5:26). Aos Efésios, imediatamente após os três capítulos maravilhosos sobre a vida celestial: "Andeis com toda a humildade e mansidão, com longanimidade, suportando-vos *uns aos outros* em amor" (Efésios 4:2); "Dando sempre graças por tudo, sujeitando-vos *uns aos outros* no temor de Cristo" (Efésios 5:20-21). Aos Filipenses: "Nada façais por partidarismo ou vanglória, mas por humildade, considerando cada *um dos outros* superiores a si mesmo. Tendo em vós o mesmo sentimento que houve também em Cristo Jesus, antes, a si mesmo se esvaziou, assumindo a forma de servo, a si mesmo se humilhou" (Filipenses 2, 3-8). Aos Colossenses: "Revesti-vos, pois, de misericórdia, de bondade, de humildade, de mansidão, de longanimidade. Suportai-vos *uns aos outros*, perdoai-vos *mutuamente*, assim como o Senhor vos perdoou" (Colossenses 3, 12-13). É em nossa relação uns com os outros, em nosso tratamento mútuo, que a verdadeira mansidão de espírito e humildade de coração devem ser vistas. Nossa humildade perante Deus não tem valor, mas nos prepara para revelar a humildade de Jesus com o próximo, os outros homens.

O homem humilde tenta sempre respeitar a regra: *"tende o mesmo sentimento uns para com os outros; sede servos uns dos outros; colocai os outros acima de vós mesmos; submetei-vos uns aos outros"*. É frequente a pergunta: Como podemos colocar os outros acima de nós, quando vemos que são muito inferiores em sabedoria e santidade, em dons naturais, ou na graça recebida? Essa pergunta, porém, mostra quão pouco compreendemos o que é ser humilde de espírito. A verdadeira humildade vem quando, na luz de Deus, vemos que nada somos, consentimos em nos separar e afastar do ego, deixar que Deus seja tudo. A alma que alcançou isso e consegue dizer "perdi a mim mesmo ao Te encontrar" já não se compara a outras. Abandonou para sempre todo o pensamento do ego na presença de Deus; apresenta-se aos outros homens, seus irmãos, como alguém que é nada e nada procura para si; é um servo de Deus, e em nome dele, servo de todos. Um servo fiel pode ser mais sábio que o mestre, mas mantém o verdadeiro espírito e postura do servo. O homem humilde olha para todo filho de Deus, até o mais fraco e indigno, e o honra e lhe dá preferência como o filho de um Rei. O espírito Daquele que lavou os pés dos discípulos faz com que nos alegremos por sermos o menor, os servos uns dos outros.

O homem humilde não sente ciúme nem inveja. Pode louvar a Deus quando os outros são preferidos e abençoados antes dele. Aguenta ouvir os louvores que outros recebem, enquanto ele mesmo é esquecido, porque na presença de Deus aprendeu a dizer, com Paulo: "Eu nada sou". Recebeu o espírito de Jesus,

HUMILDADE, A BELEZA DA SANTIDADE

que não buscou recompensa para Si nem visou à própria honra, como o espírito de sua vida.

Em meio àquelas que são consideradas tentações de impaciência e sensibilidade, ou a pensamentos violentos e palavras ácidas, que vêm das falhas e dos pecados de outros cristãos, o homem humilde carrega no coração a repetida injunção que ele mostra na vida: "*Suportando uns aos outros, e perdoando uns aos outros, como o Senhor o perdoou*". Aprendeu que, ao se revestir do Senhor Jesus, *ele se reveste de misericórdia, de bondade, de humildade, de mansidão, de longanimidade.* Jesus tomou o lugar do ego, e não é impossível perdoar como Jesus perdoou. Sua humildade não consiste apenas de pensamentos ou palavras de autodesvalorização, mas, como diz Paulo, de "um coração humilde", envolto em misericórdia e bondade, mansidão e longanimidade, a meiga e humilde caridade reconhecida como a marca do Cordeiro de Deus.

Na busca pelas experiências superiores da vida cristã, o fiel corre sempre o risco de visar e se regozijar naquilo que poderíamos chamar de mais humano, o mais viril, as virtudes como coragem, alegria, desprezo pelo mundo, zelo, sacrifício pessoal (os próprios estoicos os praticavam), enquanto as graças mais profundas e mais suaves, mais divinas e celestiais, aquelas que Jesus ensinou em primeiro lugar na terra porque as trouxe do céu, aquelas que têm maior ligação com Sua cruz e a morte do ego (pobreza de espírito, mansidão, humildade, modéstia) raramente são consideradas ou valorizadas. Portanto, devemos nos revestir de misericórdia, bondade, humildade, mansidão e longanimidade; provemos nossa cristandade, não apenas no zelo por salvar os perdidos, mas diante de todos em nosso relacionamento com os irmãos, suportando e perdoando a todos, *como o Senhor nos perdoou.*

Companheiros em Cristo, estudemos o retrato bíblico do homem humilde. E perguntemos aos nossos irmãos e ao mundo se reconhecem em nós a imagem do original. Contentemo-nos com nada menos que aceitar cada um desses textos como a promessa do que Deus operará em nós, como a revelação em palavras do que o Espírito de Jesus fará nascer em nós. E deixemos que cada falha e inconveniente nos impulsionem a recorrer humilde e mansamente ao humilde Cordeiro de Deus, na certeza de que, quando Ele se entroniza no coração, Sua humildade e bondade será um dos rios de água viva que corre dentro de nós.[2]

Repito mais uma vez o que já disse antes. Sinto profundamente que temos um conceito muito tênue do que a Igreja sofre pela falta dessa humildade divina, o nada que abre espaço para Deus comprovar Seu poder. Não faz muito tempo, um cristão de espírito humilde e amável, familiarizado com muitos postos missionários de diversas sociedades, expressou sua profunda tristeza de que em alguns casos o espírito de amor e tolerância era ausente. Homens e mulheres, que na Europa podiam escolher o próprio círculo de amigos, unidos a outros de espírito inóspito, acham difícil suportar, amar e manter a unidade do Espírito nos laços da paz. E aqueles que deveriam participar da alegria uns

---

[2] "Conheci Jesus e Ele foi muito precioso para minha alma: mas descobri algo em mim que não era meigo, nem paciente ou bondoso. Fiz o que pude para encobrir, mas estava lá. Implorei a Jesus que fizesse algo por mim, e, quando a Jesus submeti minha vontade, Ele entrou em meu coração, e de lá tirou tudo o que não era meigo, que não era bondoso, e tudo o que não era paciente, e depois fechou a porta." – George Foxe.

dos outros se tornaram um obstáculo e uma letargia. Tudo por um motivo: a falta de humildade que nada é em si, que se enaltece por se tornar e ser visto como o menor, querendo apenas, como Jesus, ser o servo, o ajudante e o consolador dos outros, até dos mais humildes e indignos.

E por que alguns homens que se entregaram de boa vontade a Cristo acham tão difícil se entregarem aos irmãos? Não será culpa da Igreja? Ensinou muito pouco a seus filhos que a humildade de Cristo é a primeira das virtudes, a melhor de todas as graças e poderes do Espírito. Provou muito pouco que uma humildade cristã é o que Cristo prega e apresenta em primeiro lugar, não só como necessária, mas possível. Mas não desanimemos. Que a descoberta da falta dessa graça desperte em nós uma expectativa maior de Deus. Olhemos para cada irmão que nos atormenta ou irrita como um meio de graça de Deus, o instrumento de Deus para nossa purificação, para nossa existência da humildade que Jesus, nossa Vida, sopra em nosso íntimo. E tenhamos uma fé tão grande no Tudo de Deus e no nada do ego, que, esvaziados aos nossos próprios olhos, possamos, no poder de Deus, buscar apenas servir uns aos outros em amor.

Humildade e santidade

"Povo que diz: Fica onde estás, não te chegues a mim, porque sou mais santo que tu."

– Isaías 65:5

Falamos do movimento da Santidade em nossos tempos e louvamos a Deus por isso. Ouvimos muito a respeito daqueles que buscam a santidade e os professores de santidade, bem como dos ensinamentos e das reuniões de santidade. As verdades abençoadas de santidade em Cristo, e a santidade pela fé, têm sido mais enfatizadas que nunca. O grande teste para detectar se a santidade que alegamos buscar e obter é a verdade e a vida será este: ela se manifesta na crescente humildade *produzida*? Na criatura, a humildade é algo necessário para permitir que a santidade de Deus a habite e brilhe por meio dela. Em Jesus, o Santo de Deus que nos faz santos, a humildade divina era o segredo de Sua vida, morte e exaltação; o único teste infalível de nossa santidade será a humildade que nos marca diante de Deus e dos homens. Humildade é o florescimento e a beleza da santidade.

A principal marca da santidade falsa é sua falta de humildade. Todo aquele que busca a santidade precisar vigiar, para que inconscientemente aquilo que começou no espírito não se aperfeiçoe na carne, e que o orgulho não penetre onde sua presença é menos esperada. Dois homens subiram ao templo para rezar: um era um fariseu; o outro, um publicano. Não há um lugar ou uma posição tão sagrada que impeça a entrada de um fariseu. O orgulho pode erguer a cabeça no próprio templo de Deus e fazer do culto a Ele a cena de sua exaltação. Desde a época em que Cristo expôs o orgulho do fariseu, este vestiu os trajes do publicano, e o confessor de profundos pecados, assim como o da mais alta santidade, deve estar atento. Bem no momento em que estivermos ansiosos para fazer de nosso coração o templo de Deus, encontraremos os dois homens subindo para rezar.

HUMILDADE, A BELEZA DA SANTIDADE

E o publicano descobrirá que o perigo não vem do fariseu ao seu lado, que o despreza, mas do fariseu interior, que elogia e exalta. No templo de Deus, quando pensarmos que estamos no santo dos santos, na presença de Sua santidade, deveremos nos precaver contra o orgulho: "Um dia, os filhos de Deus vieram se apresentar diante do Senhor, e Satanás também veio no meio deles".

"Deus, eu vos agradeço porque não sou como os outros homens, ou sequer como este publicano." É justamente na causa da gratidão, nas graças que damos a Deus, talvez na própria confissão de que é Deus quem tudo faz, o que encontra sua causa de complacência. Sim, mesmo quando no templo se ouve a língua da penitência e da confiança na misericórdia de Deus, o fariseu assume o tom do louvor e, ao agradecer a Deus, parabeniza-se a si próprio. O orgulho pode vestir os trajes do louvor e da penitência. Embora a frase "não sou como os outros homens" seja rejeitada e condenada, o espírito dessas palavras pode ser frequentemente encontrado em nossos sentimentos e no modo de falar com outros fiéis e com o próximo em geral.

Se quiser verificar, preste atenção ao modo como as Igrejas e os cristãos costumam falar uns dos outros. Vê-se pouco da mansidão e da bondade de Jesus. Quase não nos lembramos de que a humildade profunda deve ser a marca do que os servos de Jesus falam uns dos outros. Por acaso, não são as Igrejas ou assembleias dos santos, muitas missões ou convenções, inúmeras sociedades ou comitês, até missões em terras pagãs, onde a harmonia foi perturbada, e a obra de Deus, impedida porque os homens considerados santos provaram na pressa, na sensibilidade e na impaciência, na autodefesa e na autoafirmação, nos julgamentos precipitados e nas palavras maldosas, que não viam os outros como alguém melhor que eles próprios, e que sua santidade pouco tem a ver com a mansidão dos santos?[3]

Em sua história espiritual, os homens podem ter vivido momentos de grande humildade e amargura, mas isso é muito diferente de se revestir de humildade, de ter um espírito humilde, de assumir aquela humildade de espírito em que cada um se apresenta como o servo dos outros, demonstrando, assim, o próprio espírito que também habitava Jesus Cristo.

"Não te chegues a mim, porque sou mais santo que tu!" Que paródia da santidade! Jesus, o Santíssimo, é primeiro humilde: o mais santo será sempre o mais humilde. Só Deus é santo: o que tivermos de santidade é o que temos de Deus. E, de acordo com o que tivermos de Deus, assim será nossa humildade, porque ela nada mais é que o desaparecimento do ego na visão de que Deus é tudo. O mais santo será o mais humilde. Embora o desavergonhado judeu vanglorioso dos tempos de Isaías não seja facilmente encontrado (nossas maneiras nos ensinaram a não falar dessa forma), seu espírito ainda é visto, seja no tratamento dos outros santos, seja no tratamento dos filhos do mundo. No espírito em que as opiniões são dadas e a obra é feita, e as faltas são expostas, como é frequente a voz do fariseu, mesmo que ele vista os trajes do publicano: "Oh, Deus, eu vos agradeço porque não sou como os outros homens".

---

[3] O "Eu" é uma personagem exigente, que deseja os melhores e mais altos lugares para si, e se sente gravemente injuriado se seu pedido não for atendido. A maioria das brigas entre os obreiros cristãos deriva do clamor desse gigantesco Eu. São pouquíssimas as pessoas que compreendem o verdadeiro segredo de aceitar um lugar nas fileiras mais baixas" – Senhora Smith, *Everyday Religion*.

Será que há, enfim, uma humildade com a qual os homens se considerem "menor que o menor dos santos", servos de todos? Sim, há. "O amor não se vangloria, não se orgulha." Onde o espírito de amor jorra no coração, onde a natureza divina experimenta o nascimento pleno, onde Cristo, o humilde e manso Cordeiro de Deus, se forma verdadeiramente no interior do ser, lá reside o poder de um amor perfeito que se esquece de si próprio e encontra sua beatitude em abençoar os outros, em suportá-los e honrá-los, por mais ínfimos que sejam. Onde entra esse amor, entra Deus. E onde entra Deus, com Seu poder, revelando-se como Tudo, lá a criatura se esvazia. E onde a criatura se esvazia diante de Deus, nada mais ela será senão humilde para com as outras criaturas. A presença de Deus não será mais uma característica dos tempos e das estações, mas uma habitação onde reside a alma, e sua abnegação perante Deus se torna o local sagrado de Sua presença, de onde originam todas as palavras e obras.

Que Deus nos ensine que nossos pensamentos e palavras e sentimentos acerca do próximo são Seu teste de nossa humildade com Ele, e nossa humildade com Ele seja o único poder que nos possibilite ser sempre humildes com o próximo. Nossa humildade deve ser a vida de Cristo, o Cordeiro de Deus, dentro de nós.

Sejamos todos professores de santidade, tanto no púlpito quanto na plataforma, e que todos os que buscam a santidade, secretamente ou convencionalmente, fiquem alertas. Não existe orgulho mais perigoso, por ser sutil e ardiloso, que o orgulho da santidade. Não importa que um homem diga ou sequer pense: "Não te chegues a mim porque sou mais santo que tu". Não. Esse pensamento seria abominável. Mas o pior é um hábito oculto e inconsciente da alma, complacente com suas realizações, que nunca deixa de ver como avançou em comparação com os outros. Pode ser reconhecido, nem sempre em alguma autoafirmação especial ou adulação de si mesmo, mas simplesmente na ausência daquela abnegação profunda que só pode ser a marca da alma que viu a glória de Deus (Jó 62:5,6; Isaías 6:5). Esse hábito se revela não apenas em palavras ou pensamentos, mas em um tom, um modo de falar dos outros, no qual aqueles que possuem o dom do discernimento espiritual logo reconhecem o poder do ego. Até mesmo o mundo, com seus olhos astutos, nota-o e o identifica como uma prova de que a profissão de uma vida celestial não gera nenhum fruto celeste especial.

Oh, irmãos! Estejam atentos. Se, a cada avanço naquilo que pensamos ser a santidade, não fizermos do aumento da humildade nosso estudo, descobriremos que nos regozijávamos de belos pensamentos e sentimentos, em atos solenes de consagração e fé, enquanto a única marca certa da presença de Deus, o desaparecimento do ego, faltava o tempo todo. Encontremo-nos com Jesus e escondamo-nos Nele até nos revestirmos de Sua humildade. Essa é a nossa única santidade.

Humildade e pecado

"Os pecadores, dos quais eu sou o principal."
– 1 Timóteo 15

ANDREW MURRAY

É comum confundir humildade com penitência e contrição. Por conseguinte, parece que o único modo de gerar humildade é manter a alma ocupada com pecado. Aprendemos, penso eu, que humildade é outra coisa bem diferente. Vimos, nos ensinamentos de nosso Senhor Jesus e nas Epístolas, o quanto a virtude é inculcada sem nenhuma referência ao pecado. Na mera natureza das coisas, na relação total da criatura com o Criador, na vida de Jesus conforme Ele a viveu e dela nos imbuiu, a humildade é a própria essência da santidade, assim como da beatitude. É a expulsão do ego pela entronização de Deus. Onde Deus é tudo, o ego é nada.

Mas, embora seja esse aspecto da verdade que me senti particularmente propenso a enfatizar, mal preciso dizer que profundidade e intensidade o pecado do homem e a graça de Deus dão à humildade dos santos. Basta olharmos para um homem como o apóstolo Paulo se quisermos ver, em sua vida como homem resgatado e santo, como a profunda consciência de ter sido pecador não se extingue. Todos conhecemos a passagem em que ele se refere à própria vida como perseguidor e blasfemo. "Eu sou o menor dos apóstolos, que mesmo não sou digno de ser chamado apóstolo, pois persegui a igreja de Deus... Trabalhei muito mais do que todos eles; todavia, não eu, mas a graça de Deus comigo" (1 Coríntios 15:9,10). "A mim, *o menor de todos os santos*, me foi dada esta graça de pregar aos gentios" (Efésios 3: 8). "A mim, que, noutro tempo, *era blasfemo e perseguidor, e insolente*. Mas obtive misericórdia, pois o fiz na ignorância, na incredulidade... Cristo Jesus veio ao mundo para salvar os *pecadores, dos quais eu sou o principal*" (1 Timóteo 1:13,15). A

HUMILDADE, A BELEZA DA SANTIDADE

graça de Deus o salvou, e, quanto mais a experiência da graça de Deus o preencheu com uma alegria indescritível, mais clara ficou sua percepção de que era um pecador salvo, e que a salvação só teve sentido ou prazer porque a percepção de ser um pecador a tornou preciosa e real para ele. Em nenhum momento esqueceu que era um pecador a quem Deus tomou nos braços e coroou com Seu amor.

Os textos que acabamos de citar são com frequência apontados como a confissão de Paulo da prática diária do pecado. Só precisamos lê-los com cuidado, quanto à ligação entre eles, para percebermos que não é esse o caso. As passagens contêm um significado muito mais profundo; referem-se àquilo que dura por toda a eternidade e que confere seu profundo sinal de deslumbramento e adoração à humildade com que os redimidos se curvam diante do trono, como aqueles que foram lavados de seus pecados no sangue do Cordeiro. Nunca, jamais, mesmo na glória, serão outra coisa que não pecadores redimidos; em nenhum momento nesta vida pode o filho de Deus viver na luz total do amor Dele, a menos que sinta que o pecado, do qual foi salvo, é o único direito e título a tudo aquilo que a graça prometeu fazer. A humildade com a qual em primeiro lugar o homem nasce como pecador adquire um novo significado quando ele aprende que ela o transforma em criatura. E, mais uma vez, a humildade, na qual o indivíduo nasceu como criatura, tem seus tons mais profundos e ricos de adoração, na lembrança de que deve ser um monumento ao amor maravilhoso e redentor de Deus.

A verdadeira importância do ensinamento contido nessas palavras de São Paulo ganha ainda mais força quando observamos o notável fato de que, durante toda a sua jornada cristã, jamais encontramos nos escritos dele, nem mesmo nas epístolas nas quais lemos as mais intensas revelações pessoais, qualquer confissão de pecado. Em nenhum lugar encontramos quaisquer menções a fraquezas ou defeitos; não há nenhuma sugestão aos leitores que ele tenha falhado no cumprimento dos deveres ou pecado contra a lei do amor perfeito. Pelo contrário, não são poucas as passagens nas quais defende a si próprio usando uma linguagem que denota uma vida sem erros diante de Deus e dos homens. "Vós e Deus sois testemunhas do modo por que piedosa, justa e irrepreensivelmente procedemos em relação a vós outros" (1 Tessalonicenses 2:10). "Porque a nossa glória é esta: o testemunho da nossa consciência de que, com santidade e sinceridade de Deus, temos vivido no mundo e mais especialmente para convosco" (2 Coríntios 1:12). Não se trata de um ideal ou aspiração, é um retrato do que a vida dele foi de verdade. No entanto, talvez possamos explicar tal ausência de confissão; todos admitem que os textos indicam uma vida no poder do Espírito Santo, é raramente percebido ou esperado nos dias de hoje.

O ponto que desejo enfatizar é este: que o próprio fato da ausência de confissão sobre o pecado dá ainda mais força à verdade de que não é na prática diária do pecado que o segredo da humildade mais profunda será encontrado, mas na posição habitual, que não deve ser esquecida nem por um instante, que somente a graça das mais abundantes manterá claramente viva; que nosso único lugar, o único lugar abençoado, nossa única posição duradoura diante de Deus, deve ser a mesma daqueles cuja mais soberba alegria é a de confessar que são pecadores salvos pela graça.

Humildade, a beleza da santidade

Com a profunda lembrança de Paulo de ter pecado de modo tão horrível no passado, antes de ser alcançado pela graça, e a consciência de ter sido impedido de pecar no presente, sempre existiu também a permanente lembrança do escuro poder oculto do pecado, sempre pronto para emergir, e apenas controlado pelo poder e presença do Cristo interior. "Porque eu sei que em mim, isto é, na minha carne, não habita bem nenhum." Essas palavras de Romanos 7:18 descrevem a carne como ela é até o fim. A gloriosa libertação de Romanos 8:2, "Porque a lei do Espírito da vida, em Cristo Jesus, te livrou da lei do pecado e da morte", não é nem a aniquilação nem a santificação da carne, mas uma vitória contínua concedida pelo Espírito quando Ele mortifica os feitos do corpo. Assim como a saúde expele a doença, e a luz engole a escuridão, e a vida vence a morte, o Cristo interior através do Espírito é a saúde, a luz, e a vida da alma. Mas, com isso, a convicção de vulnerabilidade e perigo sempre perturba a fé na ação momentânea e ininterrupta do Espírito Santo, levando-a àquele humilde senso de dependência que transforma as mais altas fé e alegria em servas da humildade que só vive pela graça de Deus.

As três passagens citadas acima mostram que foi a maravilhosa graça conferida a Paulo, e da qual ele sentiu necessidade a cada momento, que o tornou tão profundamente humilde. A graça de Deus que estava com Paulo, e que o capacitou a trabalhar com mais afinco que todos os outros; a graça de pregar aos gentios sobre as insondáveis riquezas do Cristo; a graça abundante em fé e amor que está em Cristo Jesus... foi essa graça da mesma natureza e glória para os pecadores, que manteve a consciência de ter pecado, de ser capaz de pecar, tão intensamente viva. "Onde abundou o pecado, superabundou a graça" (Romanos 5:20). Isso revela como a própria essência da graça é lidar com o pecado e extirpá-lo, e como a experiência da graça sempre deve ser mais abundante quanto mais intensa for a consciência de ser pecador. Não é o pecado, mas a graça de Deus mostrando para o homem e sempre fazendo-o se lembrar de que foi um pecador, que o manterá verdadeiramente humilde. Não é o pecado, mas a graça, que fará com que eu me conheça como pecador, e tornará o lugar da mais profunda humildade do pecador aquele local de onde jamais sairei.

Receio que existam muitas pessoas que, pelas fortes expressões de autocondenação e autocensura, procuraram se tornar humildes e têm de confessar, com tristeza e um espírito humilde, que um "coração humilde", acompanhado de gentileza e compaixão, modéstia e moderação, ainda está muito longe de ser alcançado. Estar ocupado com o ego, mesmo em meio ao mais profundo autodesprezo, jamais nos libertará dele. É a revelação de Deus, não apenas pela lei condenando o pecado, mas por Sua graça nos livrando dele, que nos tornará humildes. A lei pode partir o coração com medo; é apenas a graça que traz aquela doce humildade que se torna a alegria da alma como a segunda natureza dela. Foi a revelação de Deus em Sua plenitude, aproximando-se para torná-Lo conhecido em Sua graça, que fez Abraão e Jacó, Jó e Isaías se prostrarem com tanto ardor. É a alma na qual Deus, o Criador, como o Todo da criatura em sua pequenez, Deus, o Redentor em Sua graça, como o Todo do pecador em sua condição de pecado, é esperado, confiado e

HUMILDADE, A BELEZA DA SANTIDADE

adorado, que se encontrará tão preenchida que não haverá lugar para o ego. Assim, a promessa pode ser cumprida por si mesma: "A arrogância do homem será abatida; só o Senhor será exaltado naquele dia" (Isaías 2:17).

A permanência do pecador dentro da luz sagrada do amor redentor de Deus, na experiência de viver completamente no amor divino, que vem através de Cristo e do Espírito Santo, simplesmente não pode deixar de ser humilde. Não ser preenchido pelo próprio pecado, mas, sim, com Deus nos torna livres do ego.

Humildade e fé

"*Como podeis crer, vós os que aceitais glória uns dos outros, e, contudo, não procurais a glória que vem do Deus único?*"

– João 5:44

Em um discurso que ouvi há pouco tempo, o orador afirmou que as bênçãos da superior vida cristã eram com frequência como os objetos expostos em uma vitrine: é possível vê-los com clareza, mas não podemos alcançá-los. Se pedirem a um homem que estenda a mão e os pegue, dirá: "não consigo, pois há uma vidraça grossa entre mim e os objetos". E, embora os cristãos possam ver claramente as promessas abençoadas de paz e descanso perfeitos, amor e alegria abundantes, comunhão e prosperidade duradouras, ainda sentem que existe algo obstruindo a verdadeira posse. E o que pode ser? *Nada senão o orgulho.* As promessas feitas à fé são tão livres e certas; os convites e encorajamentos são tão fortes; o poder absoluto de Deus, com o qual se pode contar, é tão próximo e livre, que aquilo que nos impede de obter as promessas só pode ser algo que obstrui a fé. Em nosso texto, Jesus nos revela que, de fato, o orgulho torna a fé impossível. "Como podeis crer, vós os que aceitais glória uns dos outros?" Assim como vemos que a fé e o orgulho são, pela própria natureza, irreconciliáveis, aprendemos que a fé e a humildade têm a mesma raiz e que jamais poderemos ter mais fé verdadeira do que temos humildade verdadeira; vemos que é possível de fato termos uma forte convicção e garantia intelectual da verdade, enquanto que o orgulho é mantido no coração, mas torna a fé viva, que tem poder com Deus, uma impossibilidade.

Só precisamos pensar por um momento sobre o que é a fé. Não é a confissão do vazio e da vulnerabilidade, a entrega e espera pela ação de Deus? Não é em si mesma a coisa mais humilde que pode existir: a plena aceitação de nossa posição como dependentes, que não podem exigir, obter ou fazer coisa alguma exceto o que a graça concede? A humildade é simplesmente a disposição que prepara a alma para viver na confiança. E tudo, até a mais secreta respiração do orgulho, na busca por si mesmo, na vontade própria, na autoconfiança, ou exaltação de si mesmo, é apenas o fortalecimento daquele ego que não pode entrar no reino, ou possuir as coisas do reino, porque se recusa a permitir que Deus seja o que Ele é e deve ser: Tudo em Todas as Coisas.

A fé é o órgão ou o sentido para a percepção e apreensão do mundo celestial e suas bênçãos. A fé busca a glória que vem de Deus, que só chega onde Deus é Tudo. Enquanto aceitarmos a glória uns dos outros, enquanto buscarmos, amarmos e mantivermos de forma ciumenta a glória desta vida, a honra e a reputação que vêm do homem, não buscaremos e não receberemos a glória que vem de Deus. O orgulho torna a fé impossível. A salvação chega até nós por meio da cruz e do Cristo crucificado. A salvação acompanha o Cristo crucificado no Espírito de Sua cruz. É a união, a alegria e a participação na humildade de Jesus. Não é de surpreender que nossa fé seja tão fraca quando o orgulho ainda reina com tanta intensidade, e mal aprendemos a desejar ou orar pela humildade como a parte mais necessária e abençoada da salvação.

A aliança entre a humildade e a fé está mais presente nas Escrituras do que muitos reconhecem. Vejamos tal união da vida de Cristo. Há dois casos em que Ele falou de uma grande fé.

Cristo não ficou maravilhado com a fé do centurião, afirmando "Jamais encontrei tão grande fé, não, não em Israel!", quando este disse *"Não sou digno de que entreis em minha morada"*? E a mãe a quem Ele dirigiu as palavras "Mulher, grande é a tua fé!"

aceitou ser comparada a um cão e disse: *"Sim, Senhor, mas os cães também comem as migalhas"*? É a humildade que faz com que uma alma seja nada diante de Deus, e também é a humildade que remove qualquer obstáculo à fé, deixando apenas o receio de desonrá-Lo por não confiar plenamente Nele.

Irmãos, não estamos aqui diante da causa do fracasso na busca pela santidade? Não foi isso, embora não soubéssemos, que tornou nossa consagração e nossa fé tão superficiais e tão curtas? Não sabíamos até que ponto o orgulho e o ego ainda operavam em segredo dentro de nós, e como apenas Deus e Seu poder absoluto podem expulsá-los. Não entendíamos como nada, exceto a natureza nova e divina tomando por inteiro o lugar do antigo ego, pode nos tornar realmente humildes. Não sabíamos que a humildade absoluta, eterna, universal deve ser a raiz de toda prece e toda aproximação de Deus, assim como de tudo o que se relaciona com o homem; e que podemos também tentar ver sem os olhos, ou viver sem respirar, assim como crer ou se aproximar de Deus, ou fazer morada em Seu amor, sem a pungente humildade e um coração modesto.

Irmãos, não estamos cometendo um erro em nos preocuparmos tanto em acreditar, enquanto ao mesmo tempo o antigo ego estava, em seu orgulho, buscando possuir as bênçãos e riquezas de Deus? Não é de surpreender que não conseguimos acreditar. Mudemos nosso curso. Busquemos em primeiro lugar ser humildes diante da ponderosa mão de Deus: *Ele nos exaltará*. A cruz, a morte e a tumba nas quais Jesus Se humilhou foram o caminho Dele para a glória de Deus. E são o nosso caminho. Que nosso único desejo e prece fervorosos sejam o de nos humilharmos

Humildade, a beleza da santidade

com Ele e como Ele; aceitemos com alegria tudo o que possa nos tornar humildes diante de Deus e dos homens: esse é o único caminho para a glória de Deus.

Talvez vocês se sintam inclinados a fazer uma pergunta. Mencionei algumas pessoas que têm experiências abençoadas, ou são o meio para trazer bênçãos aos outros, e mesmo assim falta-lhes humildade. Vocês perguntam se elas não provam que têm uma fé verdadeira, forte, embora mostrem com clareza que ainda buscam com ardor a honra que vem dos homens. Há mais de uma resposta possível. Mas a principal é esta: de fato, tais pessoas têm certa dose de fé, na proporção da qual, com os dons especiais conferidos a elas, estão as bênçãos que trazem aos outros. Contudo, é nessa própria bênção que o trabalho da fé delas encontra um obstáculo, a falta de humildade. A bênção é com frequência superficial ou transitória, pelo simples fato de que essas pessoas não são o nada que abre o caminho para que Deus seja tudo. Uma humildade mais profunda sem dúvida traria uma bênção também mais profunda e completa. O Espírito Santo, não apenas operando nelas como um Espírito de poder, mas vivendo nelas na plenitude de Sua graça, e especialmente da humildade, se uniria por meio delas aos convertidos para uma vida de poder, santidade e dedicação raramente vista nos dias de hoje.

"Como podeis crer, vós os que aceitais glória uns dos outros?" Irmãos! Nada pode curá-los do desejo de receber a glória dos homens, ou da sensibilidade, dor e raiva que surgem quando ela não é concedida, exceto dedicar-se à busca pela glória que vem de Deus. Deixem que a glória do Todo-glorioso Deus seja tudo para vocês. Serão libertos da glória dos homens e do ego e ficarão satisfeitos e felizes de serem nada. Desse vazio crescerão mais fortes na fé, dando glória a Deus, e descobrirão que, quanto mais profundamente mergulham na humildade diante Dele, mais perto Ele está de atender a todos os desejos de sua fé.

Humildade e a morte do ego

"A si mesmo se humilhou, tornando-se obediente até à morte."

– Filipenses 2:8

A humildade é o caminho para a morte, pois na morte ela apresenta a prova maior de sua perfeição. A humildade é o broto da qual a morte do ego é o fruto perfeito. Jesus se humilhou até a morte e abriu o caminho no qual nós também devemos andar. Assim como não havia outro meio para Ele provar Sua entrega total a Deus, ou desistir e se elevar da natureza humana para a glória do Pai, exceto pela morte, o mesmo acontece conosco. A humildade deve nos levar à morte do ego: assim provamos o quão completamente nos entregamos a ela e a Deus; só assim somos libertados da natureza decaída e encontramos o caminho que conduz à vida em Deus, àquele nascimento completo da nova natureza, da qual a humildade é a respiração e a alegria.

Falamos do que Jesus fez para Seus discípulos quando mostrou a eles a própria vida ressuscitada, quando, no momento em que o Espírito Santo desceu, Ele (Jesus), a Humildade glorificada e entronizada, de fato desceu dos céus para habitar entre eles. Jesus obteve o poder para fazer isso por meio da morte: em sua natureza mais interior, a vida que Ele transmitiu era uma vida nascida da morte. Ele que fez morada nos discípulos era Aquele que estava morto e agora vive para sempre. A vida de Jesus, a pessoa Dele, Sua presença trazem as marcas da morte, de uma vida gerada a partir da morte. Essa vida nos discípulos de Jesus também traz as marcas da morte; é apenas quando o Espírito da morte, Daquele que morreu, habita e opera na alma, que o poder da vida Dele pode ser conhecido. A primeira e principal marca da morte do Senhor Jesus, entre as marcas da morte que mostram o verdadeiro seguidor de Jesus, é a humildade. Por estas duas razões: somente a humildade leva à morte perfeita;

HUMILDADE, A BELEZA DA SANTIDADE

somente a morte torna a humildade perfeita. A humildade e a morte são uma em natureza: a humildade é o broto; na morte o fruto amadurece até chegar à perfeição.

A humildade leva à morte perfeita: Humildade significa desistir do ego e assumir o lugar de vazio perfeito perante Deus. Jesus se humilhou e foi obediente até a morte. Na morte, apresentou a prova mais sublime e perfeita do abandono do próprio ego, submetendo-se à vontade de Deus. Na morte, Jesus desistiu do próprio ego, com a relutância natural a beber do cálice; abriu mão da vida que tinha em união com nossa natureza humana; morreu para o ego e para o pecado que O tentou como homem. Adentrou a vida perfeita de Deus. Se não fosse pela Sua infinita humildade, aceitando ser nada além de um servo que age e sofre segundo a vontade de Deus, Jesus jamais teria morrido.

Isso nos dá a resposta à pergunta feita com tanta frequência e cujo significado raramente é compreendido: Como posso morrer para o ego? A morte do ego não é obra sua, mas de Deus. Em Cristo, *estamos mortos para o pecado*; a vida que existe em nós passou pelo processo da morte e ressurreição; podemos ter certeza de estarmos mortos para o pecado. Mas a manifestação plena do poder dessa morte em nossa disposição e conduta depende da medida na qual o Espírito Santo transmite o poder da morte de Cristo. E aqui o ensinamento se faz necessário: para entrarmos em comunhão plena com Cristo em Sua morte e conhecermos o total abandono do ego, precisamos nos humilhar. Esse é nosso único dever. Coloquemo-nos diante de Deus em total entrega; aceitemos com fervor o fato de nossa impotência para nos exterminarmos ou nos tornarmos vivos; afundemos em nosso próprio nada, no espírito da humilde, paciente, e confiante entrega a Deus. Aceitemos quaisquer humilhações; olhemos para qualquer homem que nos tenta ou provoca como um instrumento da graça para nos tornarmos humildes. Usemos todas as oportunidades de nos humilharmos diante de nosso próximo como uma ajuda para aceitarmos a humildade diante de Deus. Deus aceitará essa humilhação como prova de que a desejamos de todo o coração, como a melhor prece para isso, como nossa preparação para que Ele opere Sua poderosa obra de graça, quando, pelo poderoso fortalecimento de Seu Espírito Santo, revela Cristo pleno em nós, de modo que o Cristo, em Sua forma de servo, seja verdadeiramente formado em nós e habite em nosso coração. É o caminho da humildade que leva à morte perfeita, à experiência plena e perfeita de estarmos mortos em Cristo.

Em seguida: *Somente essa morte torna a humildade perfeita.* Oh, cuidado com o erro que muitos cometem: ansiar pela humildade, mas ter receio de ser muito humilde. Essas pessoas têm tantas qualificações e limitações, tantos pensamentos e questionamentos, quanto ao que é a verdadeira humildade e o que ela faz, que nunca conseguem se entregar a ela sem reservas. Fique muito atento a isso. Humilhe-se até a morte. É na morte do ego que a humildade se torna perfeita. Tenha certeza de que, na raiz de toda experiência real da maior graça, de todo verdadeiro avanço em consagração, de todo crescimento verdadeiro da conformidade com a semelhança de Jesus, deve existir uma morte do ego que se prova a Deus e aos homens em nossas disposições e hábitos. É quase impossível falar da vida oriunda da morte e da caminhada do Espírito, quando mesmo o amor mais puro não

Humildade, a beleza da santidade

pode deixar de ver o quanto existe do ego. A morte para o ego não tem uma marca mais certa do que a humildade, que não cria nenhuma reputação para si, que se esvazia e toma a forma do servo. É possível falar muito e com honestidade sobre a comunhão com um Jesus desprezado e rejeitado, e sobre carregar a cruz Dele, enquanto a mansa, modesta e gentil humildade do Cordeiro de Deus não é vista e raramente procurada. O Cordeiro de Deus significa duas coisas: humildade e morte. Busquemos recebê-Lo nas duas formas. Nele elas são inseparáveis: devem também estar em nós.

Que tarefa desesperadora se tivéssemos de fazer a obra! A natureza nunca pode superar a natureza, mesmo com a ajuda da graça. O ego nunca elimina o ego, mesmo no homem regenerado. Louvado seja Deus! A obra foi feita, completada e aperfeiçoada para sempre. A morte de Jesus, definitiva e também eterna, é nossa morte para o ego. E a ascensão de Jesus, Sua entrada definitiva e eterna no Santíssimo, nos deu o Espírito Santo para se comunicar conosco em poder e tornar nosso esse poder da vida oriunda da morte. Quando a alma, em busca e na prática da humildade, segue os passos de Jesus, sua consciência da necessidade de algo adicional é despertada, o desejo e a esperança se acendem, a fé se fortalece, e a alma aprende a olhar para o alto, reivindicar e receber a verdadeira plenitude do Espírito de Jesus, que pode a cada dia repetir Sua morte para o ego e o pecado, em pleno poder, e fazer da humildade o espírito onipresente de nossa vida. (Ver nota C.)

"Porventura, ignorais que todos nós que fomos batizados em Cristo Jesus foram *batizados na sua morte*? Assim também vós vos considerais *mortos para o pecado*, mas vivos para Deus, em Cristo Jesus. Oferecei-vos a Deus, como *ressurretos dentre os mortos*" (Romanos 6:3, 11, 13). A autoconsciência do cristão deve ser imbuída e caracterizada pelo espírito que animou a morte de Cristo. Deve sempre se oferecer a Deus como aquele que morreu em Cristo, e em Cristo ressuscita dentre os mortos, carregando no corpo o passamento do Senhor Jesus. A vida desse cristão terá sempre um sinal duplo: suas raízes tocam em verdadeira humildade o túmulo de Jesus, a morte para o pecado e o ego; a cabeça se ergue no poder de ressurreição ao céu onde está Jesus.

Fiel, reivindique em fé a morte e a vida de Jesus como sua. Entre no túmulo Dele, no repouso do ego e das obras do ego: o repouso de Deus. Com Cristo, que entregou o próprio espírito nas mãos do Pai, humilhe-se e caia, a cada dia, naquela dependência total e irrestrita de Deus. Deus o elevará e o exaltará. Mergulhe, todas as manhãs, no profundo nada da cova de Jesus; e, todos os dias, a vida de Jesus se manifestará em você. Que uma humildade voluntária, amorosa, repousante e feliz seja o sinal de que você de fato reivindicou seu direito natural: o batismo na morte de Cristo. "Com uma oferta, aperfeiçoou para sempre quantos estão sendo santificados" (Hebreus 10:14). As almas que entram na humilhação *Dele* encontram *Nele* o poder de ver e contar como morto o ego, e, na condição de terem aprendido e recebido Dele, caminharão com toda a humildade e mansidão, tolerando uns aos outros em amor. A vida oriunda da morte é vista, com mansidão e humildade, como a vida de Cristo.

Humildade e felicidade

"De boa vontade, pois mais me gloriarei nas fraquezas, para que sobre mim repouse o poder de Cristo. Pelo que sinto prazer nas fraquezas, porque quando sou fraco, então é que sou forte."

– 2 Coríntios 12:9,10

A fim de que Paulo não se exaltasse, em virtude da imensa grandiosidade das revelações, foi-lhe posto um espinho na carne para mantê-lo humilde. O primeiro desejo de Paulo era removê-lo, e por três vezes implorou ao Senhor que o livrasse do espinho. A resposta foi que uma provação era, na verdade, uma bênção; na fraqueza e na humilhação do espinho, a graça e a força do Senhor poderiam manifestar-se melhor. Paulo imediatamente entrou em um novo estágio na relação com essa provação: em vez de aguentá-la, *gloriou-se nela de boa vontade*; em vez de pedir livramento, *sentiu prazer* nela. Aprendera que o lugar de humilhação é o lugar de bênção, poder e alegria.

Todo cristão passa por esses dois estágios na busca pela humildade. No primeiro, teme, foge e tenta se livrar de tudo que possa humilhá-lo. Ainda não aprendeu a buscar a humildade a qualquer custo. Aceitou o mandamento de ser humilde e tenta segui-lo, embora fracasse completamente. Roga por humildade, às vezes com franqueza; mas, no fundo do coração, pede, não em palavras, mas em desejo, que seja poupado das próprias coisas que o tornariam humilde. Ainda não ama a humildade como a beleza do Cordeiro de Deus, e a alegria do céu, tanto que venderia tudo para alcançá-la. Na busca por essa humildade, e na prece por ela, ainda existe a sensação de um peso incômodo e de escravidão; humilhar-se ainda não é, para ele, a expressão espontânea de uma vida e uma natureza essencialmente humildes. Ainda não se tornou sua única alegria e prazer. Não consegue dizer: "De boa vontade, me gloriarei nas fraquezas, pelo que sinto prazer no que me humilha".

HUMILDADE, A BELEZA DA SANTIDADE

Mas podemos esperar atingir um estágio em que isso aconteça? Sem dúvida. E o que nos levará lá? *Aquilo* que levou Paulo: *uma nova revelação do Senhor Jesus.* Nada além da presença de Deus pode revelar e expulsar o ego. Uma visão mais clara foi dada a Paulo da verdade profunda de que a presença de Jesus banirá todo desejo de buscar algo em nós mesmos, e nos permitirá nos gloriarmos em toda humilhação que nos prepara para Sua manifestação mais plena. Na experiência da presença e do poder de Jesus, nossas humilhações nos incitam a escolher a humildade como nossa maior bênção. Tentemos aprender as lições que a história de Paulo nos ensina.

Podemos ser fiéis avançados, professores eminentes, homens de experiências celestiais, que ainda não aprenderam plenamente a lição de perfeita humildade e se gloriam na fraqueza. Vemos isso em Paulo. O perigo de exaltar-se a si mesmo estava muito próximo. Ele ainda não sabia perfeitamente o que significava ser nada; morrer, para que Cristo nele vivesse; sentir prazer em tudo o que o humilhasse. Essa deve ter sido a lição mais importante ensinada a Paulo: conformidade total com o Senhor, esvaziando-se do ego e gloriando-se na fraqueza, para que Deus pudesse ser tudo.

A maior lição para um fiel é a de humildade. Oh, se todo cristão desejoso de progredir na santidade se lembrasse bem disso! Pode existir intensa consagração e um ardente zelo e experiência celestial, e, no entanto, se não ocorrer a intervenção das maquinações especiais do Senhor, talvez haja uma exaltação inconsciente do ego. Aprendamos a lição: a mais alta santidade é a mais profunda humildade: e lembremo-nos de que ela não vem por si, mas somente se for trabalhada por nosso fiel Senhor e Seu fiel servo.

Examinemos nossa vida sob a luz dessa experiência e vejamos se nos gloriamos de boa vontade na fraqueza, se sentimos prazer, como Paulo, na injúria, nas necessidades e nos dissabores. Sim, perguntemos a nós mesmos se aprendemos a considerar as reprovações, justas ou injustas, as críticas de amigos ou inimigos, as injúrias, problemas ou dificuldades que os outros nos causam, como uma oportunidade de provar que Jesus é tudo para nós, que nosso prazer e nossa honra nada são, e nossa humilhação é, na verdade, aquilo que nos dá prazer. De fato, é uma bênção, a profunda felicidade dos céus, estarmos livres do ego, e o que quer que digam de nós ou nos façam se perde, é engolido no pensamento de que Jesus é tudo.

Confiemos que Aquele que cuidou de Paulo também de nós cuidará. Paulo precisava de uma disciplina especial; e, com instruções especiais, tinha de aprender o que era mais precioso até que os tesouros inefáveis do céu: o que é gloriar-se na fraqueza e na humildade. É disso que precisamos também, ah, e muito. Aquele que se importava com Paulo se importará também conosco. Zela por nós com amor e carinho, "para que não nos exaltemos". Quando agimos assim, Ele nos mostra onde está o mal e nos livra desse mal. Nas provações e fraquezas e complicações, Ele nos conduz à humildade e até aprendermos que Sua graça é tudo, e que devemos sentir prazer naquilo que nos humilha. Sua força se aperfeiçoou em nossa fraqueza. Sua presença que preenche e satisfaz nosso vazio torna-se o segredo de uma humildade que jamais falhará. Assim como no caso de

Paulo, em plena visão do que Deus opera em nós e por nosso intermédio, diga sempre: "Suponho em nada ter sido inferior a esses tais apóstolos, *embora eu nada seja*" (2 Coríntios 11:5). As humilhações de Paulo o tinham conduzido à verdadeira humildade, com aquela maravilhosa alegria de quem se gloria e sente prazer em tudo o que humilha.

"De boa vontade, pois, mais me gloriarei nas fraquezas, para que sobre mim repouse o poder de Cristo. Pelo que sinto prazer nas fraquezas." O homem humilde aprendeu o segredo da alegria perene. Quanto mais fraco se sente, mais se rebaixa; quanto maiores parecerem suas humilhações, mais lhe pertencem o poder e a presença de Cristo, até ele dizer "nada sou", e a palavra de seu Senhor lhe trouxer a alegria mais profunda: "A minha graça te basta" (2 Coríntios 12:9).

Sinto que devo mais uma vez resumir tudo em duas lições: o perigo do orgulho é maior e mais próximo do que pensamos, e a graça para a humildade, também.

O perigo do orgulho é maior e mais próximo do que pensamos, principalmente no momento de nossas mais enlevadas experiências. O pregador de verdades espirituais com uma congregação admiradora hipnotizada por seus lábios, o orador talentoso em uma plataforma do Santíssimo a expor os segredos da vida celestial, o cristão dando testemunho de uma experiência abençoada, o evangelista triunfante que profere uma bênção às multidões extasiadas, nenhum deles conhece o perigo oculto, inconsciente a que está exposto. Paulo estava em perigo sem saber; o que Jesus fez por ele está escrito como admoestação, para que conheçamos nosso perigo e nossa única segurança. Caso se diga que um educador ou professor de santidade é cheio de si, ou não pratica o que prega, ou suas bênçãos não o tornaram mais humilde ou gentil, que isso não precise mais ser dito. Jesus, Aquele em quem confiamos, pode nos fazer humildes.

Sim, a graça para a humildade também é maior e mais próxima do que pensamos. A humildade de Jesus é nossa salvação: o próprio Jesus é nossa humildade. Nossa humildade é Seu interesse e Sua obra. A graça de Jesus nos basta para enfrentar a tentação do orgulho também. Sua força será aperfeiçoada em nossa fraqueza. Que escolhamos ser fracos, ser humildes, ser nada. Que a humildade seja para nós prazer e alegria. Gloriemo-nos de boa vontade e sintamos prazer na fraqueza, em tudo o que nos humilha e nos rebaixa; o poder de Cristo repousará em nós. Cristo se humilhou; portanto, Deus o exaltou. Cristo nos humilhará e nos manterá humildes; confiemos com alegria e aceitemos de coração tudo o que nos humilha; o poder de Cristo estará em nós. Descobriremos que a mais profunda humildade é o segredo da mais verdadeira felicidade, de uma alegria que não pode destruir.

Humildade e exaltação

"O que se humilha será exaltado."
– Lucas 14:11. 18:14

"Deus dá graça aos humildes. Humilhai-vos na presença do Senhor, e ele vos exaltará."
– Tiago 4:6,10

"Humilhai-vos, portanto, sob a poderosa mão de Deus, para que ele, em tempo oportuno, vos exalte."
– 1 Pedro 4:6

Andrew Murray

Ontem mesmo, perguntaram-me: Como posso vencer esse orgulho? A resposta foi simples. Duas coisas são necessárias. Faça o que Deus diz ser seu trabalho: humilhar-se. Confie que Ele fará o que diz ser o trabalho Dele: exaltar você.

O mandamento é claro: humilhe-se. Isso não significa que seu trabalho é conquistar e eliminar o orgulho de sua natureza e formar no íntimo a humildade do santo Jesus. Não, essa é a obra de Deus; a própria essência dessa exaltação, em que Ele eleva você até a verdadeira semelhança do Filho bem-amado. O significado do mandamento é este: aproveite toda oportunidade de se humilhar diante de Deus e dos homens. Na fé da graça que já opera em você; na certeza da graça maior que está chegando; até a luz que a consciência sempre acende sobre o orgulho do coração e suas manobras; apesar de todas as possíveis falhas e faltas, persista sob o comando imutável: humilhe-se.

Aceite com gratidão tudo o que Deus permite, de dentro ou fora de você, de amigo ou de inimigo, na natureza ou na graça, para lembrá-lo de sua necessidade de se humilhar, mas também para ajudá-lo. Considere a humildade a autêntica virtude principal, seu primeiro dever para com Deus, a salvaguarda perpétua da alma, e concentre nela seu coração como fonte de toda bênção. A promessa é divina e certa: aquele que se humilha será exaltado. Faça a única coisa que Deus lhe pede: humilhe-se. Deus providenciará para que seja cumprida a única promessa que Ele faz e lhe dará a maior graça. Ele o exaltará no momento certo.

Todos os arranjos de Deus com o homem são caracterizados por dois estágios. Há o tempo de preparação, quando mandamento e promessa, com a experiência mista de esforço e

HUMILDADE, A BELEZA DA SANTIDADE

impotência, de fracasso e sucesso parcial, com a santa expectativa de algo melhor por essas coisas despertada, treinam e disciplinam os homens para o estágio superior. Vem, enfim, o tempo de realização, quando a fé herda a promessa e desfruta aquilo por que lutou tanto tempo à toa. Essa lei é válida em qualquer parte da vida cristã, e na busca de cada virtude individual. E é assim por ser fundamentada na própria natureza das coisas. Em tudo o que diz respeito à nossa redenção, Deus deve tomar a iniciativa. Isso feito, é a vez do homem. No esforço pela obediência e realização, o homem deve reconhecer a própria impotência na entrega de morrer para si mesmo e se preparar voluntária e inteligentemente para receber de Deus o fim, a completude daquilo cujo começo ele aceitou em ignorância. Assim, Deus, que existia no Começo, antes de o homem conhecê-Lo devidamente, ou compreender Seu propósito, é desejado e recebido de braços abertos como o Fim, como Tudo em Tudo.

É assim também na busca pela humildade. Para todos os cristãos, o comando vem do próprio trono de Deus: humilhe-se. A tentativa mais fervorosa de ouvir e obedecer será recompensada, sim, recompensada, com a dolorosa descoberta de duas coisas. A primeira é que a profundidade do orgulho, da falta de vontade de considerar a si mesmo e ser considerado nada, de se submeter totalmente a Deus, ninguém jamais soube. A segunda é a completa impotência de todos os nossos esforços, e todas as nossas preces também, pela ajuda de Deus, para destruir o terrível monstro. Abençoado seja o homem que aprende a colocar sua esperança em Deus, e a perseverar, não obstante todo o poder do orgulho dentro dele, em atos de humildade perante

Deus e os Homens. Conhecemos a lei da natureza humana: atos produzem hábitos, hábitos dão origem a disposições, disposições formam a vontade, e a vontade formada de maneira correta é o caráter. Não é diferente no trabalho da graça. Como os atos, quando repetida com persistência, gera hábitos e disposições, e estes fortalecem a vontade, Aquele que opera tanto com a vontade quanto com o ato com Seu poder absoluto e Espírito, e a humilhação do coração orgulhoso, com a qual o santo penitente se prostra com tanta frequência perante Deus, é recompensada com "mais graça" do coração humilde, que o Espírito de Jesus já conquistou, trazendo a natureza nova à maturidade, onde Ele, o manso e humilde, reside para sempre.

Humilhem-se na presença do Senhor, e Ele os exaltará. E no que consiste a exaltação? A glória mais sublime da criatura está em ser apenas um vaso, para receber, desfrutar e exibir a glória de Deus. Isso só pode ser feito quando existe a vontade de se tornar nada em si mesmo, para que Deus seja tudo. A água sempre enche primeiro os lugares mais baixos. Quanto mais baixo e vazio um homem se colocar diante de Deus, mais rápido e completo será o influxo da glória divina. A exaltação prometida por Deus não é, não pode ser, algo externo separado Dele: tudo o que Ele tem para dar ou pode dar é mais de Si mesmo, a Si mesmo para tomar posse de maneira mais absoluta. A exaltação não é, como um prêmio terreno, algo arbitrário, sem conexão necessária com a conduta a ser recompensada. Não, mas estão na própria natureza dela o efeito e o resultado da nossa humilhação. Nada mais é que o dom dessa humildade divina interior, a conformidade e a posse da humildade do

Cordeiro de Deus, que nos prepara para receber a presença plena de Deus.

Aquele que se humilha será exaltado. O próprio Jesus é a prova da veracidade de tais palavras; Ele é a afirmação da certeza da realização delas. Tomemos o fardo Dele e aprendamos com Ele, pois Jesus é humilde e manso de coração. Se desejarmos nos curvar diante Dele, como Ele fez perante nós, Jesus se curvará diante de cada um de nós mais uma vez, e do mesmo modo nos encontraremos reverenciando-O. À medida que nos aprofundamos na companhia de Sua humilhação, e nos humilhamos ou aceitamos a humilhação dos homens, podemos ter certeza de que o Espírito de Sua exaltação, "o Espírito de Deus e da glória", repousará sobre nós. A presença e o poder do Cristo glorificado virão para aqueles que têm o espírito humilde. Quando Deus puder novamente assumir Seu lugar de direito em nós, Ele nos elevará. Cuide da glória do Senhor quando se humilhar; Ele cuidará da sua glória, aperfeiçoando sua humildade e soprando sobre você, como vida duradoura, o próprio Espírito de Seu Filho. Quando a onipresente vida de Deus o possuir, não haverá nada tão natural, tão doce quanto ser nada, sem um pensamento ou desejo sequer para o ego, porque tudo estará ocupado por Ele, que preenche todos os espaços. "De boa vontade, pois, mais me gloriarei nas fraquezas, para que sobre mim repouse o poder de Cristo." (2 Coríntios 12:9)

Irmãos, não temos aqui o motivo por que nossa consagração e nossa fé significaram tão pouco na busca pela santidade? Foi por si e pela própria força que a obra foi feita sob o nome da fé; foi por si e pela própria felicidade que Deus foi chamado; foi, de modo inconsciente, mas ainda assim verdadeiro, que a alma rejubilou em si e na própria santidade. Jamais soubemos que tal humildade, absoluta, duradoura, semelhante à de Cristo, e que anula a si mesma, penetrando e marcando toda a nossa vida com Deus e o homem, era o elemento mais essencial da vida da santidade que buscamos.

É apenas na posse de Deus que eu me entrego por completo. Assim como é na amplitude e glória do brilho do sol que vemos a menor partícula dele brilhando em seus raios, também a humildade toma nosso lugar na presença de Deus para ser nada além de uma partícula habitando a luz do sol do amor Dele.

"Quão grande é Deus! Quão pequeno eu sou! Perdido, envolto pela imensidade do amor de Deus! Apenas Deus, não eu."

Que Deus nos ensine a crer que ser humildes, ser nada na presença Dele, é a suprema conquista, e a bênção plena da vida cristã. Ele fala conosco: "Habito no alto e santo lugar, mas habito também com o contrito e abatido de espírito!" (Isaías 57:15) Que seja esse o nosso quinhão!

"Oh, ser o mais vazio, o mais humilde. Manso, modesto e desconhecido. E, para Deus, um vaso sagrado. Preenchido por Cristo, e só Cristo!"

Notas

NOTA A: "Tudo isso é para tornar conhecida a região da eternidade em que o *orgulho* pode transformar os anjos mais superiores em demônios, e que a humildade eleva a carne e o sangue caídos aos tronos dos anjos. Assim, esse é o grande fim em que Deus eleva uma nova criação a partir de um reino de anjos caídos: para tal fim a criação fica em estado de guerra entre o fogo e o orgulho dos anjos caídos, e a humildade do Cordeiro de Deus, para que a última trombeta possa soar a grande verdade pelas profundezas da eternidade: que o mal não tem outra origem que não o orgulho, nem outro fim que não por meio da humildade. A verdade é esta: o orgulho deve morrer em você ou nada que vem do céu pode viver em você. Sob a bandeira da verdade, entregue-se ao espírito humilde e manso do santo Jesus. A humildade deve lançar sementes, ou não haverá colheita no céu. Não considere o orgulho apenas um temperamento inapropriado, nem a humildade apenas uma virtude decente, pois o primeiro é a morte, a segunda é a vida; o primeiro é o inferno, a segunda é o céu. A mesma parcela de orgulho que guardar dentro de si será a de anjos caídos vivos em seu ser; a mesma parcela de humildade que tiver dentro de si será a da presença do Cordeiro de Deus em seu ser. Se pudesse ver o que cada movimento do orgulho faz à sua alma, imploraria a qualquer um que arrancasse a víbora de dentro de você, ainda que com a perda de uma mão ou um olho. Se pudesse ver o poder doce, divino, transformador que existe na humildade, como ela expele o veneno de sua natureza e cria espaço para que o Espírito de Deus habite em você, preferiria ser o apoio para os pés do mundo inteiro à menor porção dele!" – *Spirit of Prayer,* Pt. II. p. 73. Edition of Moreton, Canterbury, 1893.

NOTA B: "Precisamos saber duas coisas: 1. Que nossa salvação consiste inteiramente em sermos salvos de *nós mesmos*, ou daquilo que somos por natureza; 2. Que na natureza completa das coisas nada pode ser essa salvação ou salvador exceto a humildade de Deus, que está além de toda expressão. Daí, a primeira palavra inalterável do Salvador ao homem decaído: a menos que o homem negue *a si mesmo*, ele não pode ser Meu discípulo. O ego é a plena maldade da natureza decaída; a autonegação é a capacidade de sermos salvos: a humildade é o nosso salvador... O *ego* é a raiz, os galhos, a árvore, de todo o mal de nosso estado de decaídos. Todos os males dos anjos e homens caídos nascem do orgulho do ego. Em contrapartida, todas as virtudes da vida

HUMILDADE, A BELEZA DA SANTIDADE

celestial são as virtudes da humildade. Só a humildade atravessa o abismo intransponível entre o céu e o inferno. Então o que é, ou no que reside, a grande luta pela vida eterna? Reside no combate entre o *orgulho* e a humildade: orgulho e *humildade* são dois poderes dominadores, dois reinos em conflito pela posse eterna do homem. Nunca houve, nem nunca haverá, outra humildade que não a de Cristo. O orgulho e o ego possuem a totalidade do homem, até o momento em que o homem obtenha sua plenitude vinda de Cristo. O homem, portanto, apenas combate o bom combate cujo objetivo é que a natureza autoidólatra que herdou de Adão seja levada à morte pela humildade sobrenatural trazida por Cristo para a sua vida." – W. Law, *Address to the Clergy*, p. 52.

NOTA C: "Morrer para o ego, ou se livrar do poder dele, não é, não pode ser alcançado, por nenhuma resistência ativa que possamos oferecer a ele por meio dos poderes da natureza. O único meio verdadeiro de conseguir a morte do ego é através da *paciência, mansidão, humildade e resignação a Deus*. Essa é a verdade e a perfeição da morte do ego… Pois, se eu lhe perguntar o que o Cordeiro de Deus significa, não que você me responda que Ele é e significa a perfeição da *paciência, mansidão, humildade e resignação a Deus*? Não deve você, portanto, afirmar que é um desejo e fé dessas virtudes em uma entrega ao Cristo, um abandono de si mesmo para se entregar a Ele e à perfeição da fé que existe Nele? E assim, como esse movimento em seu coração de mergulhar na *paciência, humildade e resignação a Deus*, desiste verdadeiramente de tudo o que você é e tudo o que recebeu do decaído Adão, deixando tudo o que tem para seguir Cristo; é o seu ato supremo de fé Nele. Cristo não está em nenhum outro lugar que não nessas virtudes; onde elas estão, Ele também está em Seu próprio reino. Que seja esse o Cristo que você segue.

"O Espírito do amor divino não pode nascer de nenhuma criatura caída até que ela deseje e escolha morrer para todo o ego, em uma *paciente e humilde resignação* ao poder e misericórdia de Deus.

"Para obter salvação plena, procuro por entre os méritos e mediações do *manso, humilde, paciente e sofredor Cordeiro de Deus,* o único detentor do poder de operar em minha alma o nascimento abençoado dessas virtudes celestiais. A única possibilidade de salvação se dá por meio e pelo nascimento do *manso, humilde, paciente e resignado Cordeiro de Deus* em nossas almas. Quando o Cordeiro de Deus opera um real nascimento de Sua própria *mansidão, humildade e resignação total a Deus* em nossas almas, aí se dá o nascimento do Espírito de amor em nossas almas, que, sempre que for alcançado, as alimentará com toda a paz e alegria em Deus, apagando a lembrança de tudo o que, antes, chamávamos de paz ou alegria.

"Esse caminho para Deus é infalível. Tal infalibilidade é fundada no caráter duplo de nosso Salvador: 1. Ele é o Cordeiro de Deus, um princípio de toda a *mansidão e humildade* na alma; 2. Ele é a Luz do céu e abençoa a natureza eterna e a transforma em um reino do céu. Quando desejamos repousar nossa almas na mansa e humilde resignação a Deus, é aí que Ele, como a Luz de Deus e do céu, alegremente nos alcança, transforma nossa escuridão em luz e dá início ao reino de Deus e de amor dentro

HUMILDADE, A BELEZA DA SANTIDADE

de nós, reino que jamais terá fim." – *Wholly For God*, p. 84-102.
[A passagem inteira merece um estudo cuidadoso, mostrando de
modo notável como o contínuo mergulho na humildade perante
Deus é, da parte do homem, o único meio de morrer para o ego.][4]

NOTA D: *"Um segredo dos segredos: humildade da alma da
prece verdadeira.* Até que o espírito do coração seja renovado, até
que se esvazie de todos os desejos terrenos e permaneça faminto
e sedento de Deus, que é o verdadeiro espírito da prece; até então, todas as nossas preces serão, mais ou menos, semelhantes a
lições entregues a professores; e nós as faremos principalmente
porque não ousamos negligenciá-las. Mas não desanime; siga
este conselho e então poderá ir à igreja sem correr o risco de
apenas repetir palavras ou cometer hipocrisia, ainda que exista
um hino ou prece cuja linguagem seja superior à de seu coração.
Faça isto: vá à igreja como o publicano foi ao templo; em segredo,
no espírito de sua mente, tome a forma que ele expressou quando
baixou os olhos e só conseguiu dizer: "Deus, tenha piedade de
mim, um pecador". Permaneça imutável, pelo menos em desejo,
nessa forma ou estado do coração; ela santificará cada pedido
que sair de sua boca, e, quando qualquer prece for lida ou can-
tada, será mais exaltada que seu próprio coração; se fizer desse
momento uma ocasião para mergulhar ainda mais profundo no

---

[4] A passagem completa foi publicada separadamente com o título *Dying to Self: A Golden
Dialogue*, por William Law. Com notas de A. M. (Nisbet & Co., 1s). Todos os que desejarem
estudar e praticar a humildade descobrirão, por meio desse texto, qual é o obstáculo à humildade e como somos capazes de superá-lo, e também descobrirão o que é a bênção do Espírito
de Amor que chega ao humilde vindo de Cristo, o manso e humilde Cordeiro de Deus.

espírito do publicano, você será ajudado e supremamente abençoado pelas preces e louvores que parecem pertencer apenas a um coração melhor que o seu.

"Esse, meu amigo, é o segredo dos segredos, que o ajudará a colher onde não plantou, e será uma contínua fonte de graça em sua alma; pois tudo que o agita internamente, ou acontece a você externamente, se tornará um bem real, se o encontrar nesse humilde estado de espírito. Pois nada é em vão, ou sem lucro, para a alma humilde; ela sempre permanece em um estado de crescimento divino, tudo o que cai sobre ela é como o orvalho vindo do céu. Silencie-se, portanto, nessa forma de humildade; todo o bem está inserido nela, é uma água vinda do céu, que transforma o fogo da alma caída em mansidão da vida divina, e cria aquele óleo, de onde o amor de Deus e do homem obtém sua chama. Portanto, envolva-se nessa humildade, deixe que ela seja a vestimenta com a qual você está sempre coberto, e o cinto que sempre o envolve; não respire fora desse espírito; só enxergue por meio dos olhos dele; não ouça nada com outros ouvidos que não os dele. Então, quer esteja dentro da igreja, quer esteja fora dela, quando ouvir as preces a Deus ou receber ofensas dos homens e do mundo, todas as coisas serão edificadas, e tudo o ajudará a avançar em seu crescimento na vida de Deus." – *The Spirit of Prayer,* Pt.II, p. 121.

Uma prece para a humildade

Apresentarei aqui uma pedra de toque que levará todos à verdade. É esta: Afaste-se do mundo e de todas as conversas, apenas por um mês; não escreva, nem leia, nem debata qualquer assunto consigo mesmo; pare todas as atividades anteriores de seu coração e mente e, com a força de seu coração, permaneça o mês todo, de modo tão contínuo quanto puder, no seguinte estado de prece a Deus. Ofereça-a com frequência de joelhos, mas, mesmo que esteja sentado, caminhando, ou parado em pé, sempre anseie internamente e ofereça esta prece a Deus com fervor: "Que com Sua imensa bondade Ele se apresente a você e retire de seu coração *todo tipo e forma e grau de orgulho*, quer vindo de espíritos malignos, quer vindo de sua própria natureza corrupta. Ele despertará em você *o mais profundo fundamento e verdade daquela humildade,* que o tornará capaz de receber Sua luz e Espírito Santo". Rejeite todo pensamento, exceto o de esperar e rezar dessa maneira, do fundo de seu coração, com total sinceridade e verdade, como as pessoas atormentadas querem rezar e livrar-se do tormento… Se você conseguir e se doar com sinceridade e verdade a esse espírito de prece, arrisco-me a afirmar que, ainda que tivesse o dobro de espíritos malignos em você que os que assediavam Maria Madalena, todos serão expulsos, e, como ela, você chorará lágrimas de amor aos pés do divino Jesus. – *Ib.* p. 124.